宮城県登米市立北方小学校教頭
宮崎敏明［著］
特定非営利活動法人　地球対話ラボ［編］

宮城県東松島市とインドネシア・アチェとのビデオ通話による国際交流と図画工作ワークショップ

大震災を体験した子どもたちの記録

日本地域社会研究所

コミュニティ・ブックス

目次

第2章　未来を見つめて歩み出すための教育活動　その1……57

第３章　教育現場でのＩＣＴ（情報通信技術）活用術

終章　日本中の子どもたち、学校の先生、地域のみなさんにお伝えしたいこと

《資料》

はじめに

あの東日本大震災から、もうすぐ8年がたとうとしています。

当時、私は宮城県東松島市の宮戸島にあった宮戸小学校の教師をしていました。島は、地震の揺れと津波によって壊滅的な被害を受けましたが、今では高台移転も済み、美しく立ち並んだ家々からは地域の方の明るい声が聞こえてきます。

一緒に津波を目の当たりにした子どもたちは、大学生や高校生、中学生になりました。思春期や青春期特有の悩みや怒り、悲しみを抱えつつも、そのありふれた姿こそが幸福なのだと感じずにはいられないほど、津波の被害を受けた当時の状況は過酷でした。

死者、行方不明者、負傷者の数が2万4000人を超える（注：2018年6月8日 警察庁緊急災害警備本部広報資料）未曾有の被害をもたらしたあの日の津波は、私が勤めていた東松島市宮戸島の小学校にも容赦なく襲いかかりました。押し寄せる波で自然豊かな島の景色が一変し、その光景は、たとえるなら、ジブリ映画ののどかな風景から、一瞬にしてハリウッドのバイオレンス映画のような荒涼とした風景の中に引きずり込まれたようでした。

（これは現実なのか…。）

そう思ってしまうほどの大震災の中、奇跡的に、津波は高台にある小学校の校庭までは飲み込みませんでした。島民約９００人のほぼ全員が続々と小学校に避難してきたため、体育館や校庭はごった返しました。同僚は島民の対応を行ないました。児童の安全確保を任された私は、子どもたちを体育館に集め、なだめ、厳しい現実も受け止める覚悟をさとしました。そう話すことしかできなかったのです。

電力が途絶えた学校はやがて暗闇に包まれました。それまで経験したことのない異様な暗さは、まるで子どもたちや島民の不安を表わしているかのようでした。

震災から約２カ月。島には仮のライフラインができ、発電機や給水車によって電力や水は確保されました。

しかし、先がみえない現実に島民は不安な毎日を過ごしていました。その不安は子どもたちの心にも大きく影響したのです。心優しい子どもたちが津波を免れた家に投石をしたり、おだやかだった上級生が下級生にわけもなく足蹴りを加えたりといったことが次々と起こりました。

（この状況をなんとかしなければならない。）

（何ができるのか。この何もない状況の中で……。）

私に残っているものは、学生時代に学び、教職に就いてからも続けてきた図画工作だけでした。先が見えない中、図画工作から小さな光を見い出せないだろうか……。当時、教務主任と1、2年生複式担任を兼務していた私は、ある日、職員に呼びかけました。

「子どもたちが夢と希望をもって学校生活を送るために、10年後の宮戸島を絵で表現させたい」と。

校長はすでに図画工作が暗闇を切り裂く光になると考えていたようでした。そして、私の背中を押してくれたのです。

「宮戸復興プロジェクトC（チルドレン）」（通称：プロジェクトC）と呼んだ図画工作の実践はここから始まりました。

震災直後、２０１１年度1学期に、「10年後の宮戸島」を一人一人の子どもが画用紙に描いたところ、その絵を見て涙を流す島民の姿がありました。

子どもたちが描いた「10年後の宮戸島」は、高層ビルが立ち並ぶ都会ではなく、震災によって跡形もなくなっていた宮戸島の、かつての漁場の様子や緑豊かな宮戸島の景色そのものだったからです。やがて、一人一人が描いた宮戸島の絵は大きな壁画となって、子どもたちはもちろん、島民の復興への思

子どもたちが描いた10年後の宮戸島（※46ページにも続きあり）

いを支える象徴の一つになっていきます。

プロジェクトCの取り組みは、島民だけではなく島を訪れた支援団体や被災地視察の方々の心をも動かしました。

その一つが、外国の子どもたちとICT（情報通信技術）を活用して国際交流を進めていたNPO法人地球対話ラボでした（以下、地球対話ラボ）。地球対話ラボとの出会いは、スマトラ島沖地震（2004年）で大きな津波被害を受けたインドネシア・アチェ地区との図画工作ワークショップや、「10年後のアチェ」の壁画制作へとつながっていきました。


本書では、小さな島にある被災地の小学校が図画工作によって子どもの傷ついた心を癒やすとともに、未来を考える力を育んだその足跡を振り返ります。さらに、その図画工作の実践のきっかけとなったICT機器を活用した国際交流がもつ教育効果の大きさを見つめ直していきます。

地方の小さな島の小さな小学校。そして、どこにでもいるごく普通の小学校教師が、一人では乗り越えられそうにない危機に遭遇したときに力を与えてくれた、図画工作とＩＣＴ機器というアイテムについて語ることで、各地で繰り返し起きているさまざまな災害、あるいは変化の激しい社会を、地域の方や国内あるいは国を越えた心温かい人々とともに乗り越え、「生きぬくことができる光はあるのだ」と希望をもっていただければと願っています。

宮崎敏明

序章
地域の伝統行事に教育の原点があった

宮城県東松島市宮戸島の月浜地区には、江戸時代から受け継がれている「えんずのわり」という小正月行事があります。「えんずのわり」とはこの地域の方言で「意地の悪い」という意味です。農作物を荒らす意地の悪い鳥を追い払い、その年の豊作や豊漁、無病息災を祈願するもので、２００６年、国の重要無形民俗文化財に、２０１３年には日本ユネスコ協会のプロジェクト未来遺産に指定されました。

私は宮戸小学校に赴任してきて、はじめてこの行事を見たときに、なんとすばらしい、これは教育の原点ではないかと感動したことを覚えています。

岩屋にこもり、煮炊きする子どもたち。

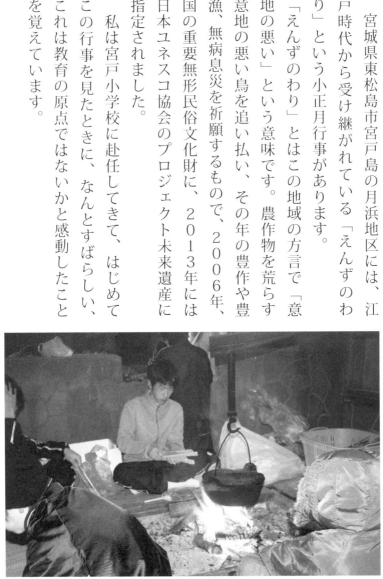

「えんずのわり」では、1月11日から5日間、7歳～15歳の男子が月浜にある岩屋にこもり、子どもたちだけで煮炊きをし、神にお供えをして、それを子どもたちもいただきます。このとき、年上の子が年下の子に、ひとつひとつ、できることを教えていくのです。

そして、岩屋から出て地区の家々をねり歩きます。このとき、鳥追いの口上を述べたあと、それぞれの家にあわせて祝い言葉を述べるのですが、その言葉も子どもたちが自分たちで考えます。

たとえば、

「じっちゃん、ばっちゃん、達者で長生きするように。」

「赤ちゃん、すくすく育つように。」

神の使いとなって地区をねり歩く直前、岩屋に明かりを灯す。

……というように。

どの家に誰が住んで、どんなふうに暮らしているのか、だいたいのことは、みんなわかっているのです。この地区みんなが大きな家族のように感じる、あたたかい口上です。

そして最後は、「陸は万作　海は大漁　銭金孕め」の言葉で締めくくります。


命をつなぐとは、どういうことか。

自然とともに生きるとは、どういうことか。

地域のなかで、みんなで支えあい、教えあって、生きていくには何が必要か。

こうしたことを子どもたちが代々伝えていくのです。参加した子どもはもちろん、参加

神様への祈願を行ない、いよいよ家々へ。

しなかった子どもも、行事を見守るおじいちゃん、おばあちゃん、おとうさん、おかあさんも……みんなで継承してきた文化。
これこそが教育のあり方、原点だと思いました。

そんな宮戸島にも、巨大地震の被害は容赦なく襲ってきました。島は多くのものを失いました。子どもも、大人も、心が傷つきましたが、今、みんなで力を合わせて前を向いて歩いています。

それぞれの家にあわせた言葉を述べる子どもたち。

第1章
すべての始まりは震災でした

東日本大震災……その時、被災校で何が起こったか
～宮城県東松島市立宮戸小学校において～

宮城県東松島市の南西に位置する宮戸島は、日本三景・松島の観光地区の一つ「奥松島」として、民宿経営や海苔生産を生業としている島民が多く住む、風光明媚な小さな島です。宮戸小学校は島に唯一の公立学校でした。２０１１年当時、全校生徒48人の小規模校でしたが、島のほぼ中央の高台に建つ３階建ての学校は、コミュニティの中心的存在でした。

宮城県東松島市・宮戸島の位置

東松島市の最南端に位置する宮戸島。島の中央付近の高台に宮戸小はあった。

宮戸島は、東松島市の野蒜《のびる》海岸から架かる松ヶ島橋によって本州部分とつながっていました。しかし、２０１１年３月11日の東日本大震災で橋が損壊、電気や水道などのライフラインも停止して孤立状態となったのです。震災前には約９７０人の人が住んでいましたが、地震の揺れと津波被害により住む家や浜辺を失った島民の多くが島を離れていき、震災後は４００人台と激減してしまいました。

①震災発生直後からとっていた記録が伝えられること

あの日、地震発生にともなう津波は10ｍを超えて島に押し寄せ、高台にある校舎の校門近くまで迫ったのです。島民の９割以上、約９００人が宮戸小に避難し、教室と体育館が避難所として活用されました。宮戸島の４分の３の浜と家屋が津波で流され破壊されましたが、宮戸小の子どもたちは奇跡的に全員が無事でした。

私は、避難所となった小学校や人々の様子を紙に書き残し始めました。読むと、命に関わる即決即断を求められる状況等が思い出され、重い気持ちになりますが、後世に伝えるべき重要な記録になったのではないかと思っています。

3月11日（金）地震発生当日の「小学校の様子」

●8時15分

その日は、卒業式をあと数日後にひかえ、全校児童で体育館の清掃を行なっていました。約6時間後にこの体育館が島民の避難所になろうとは誰一人思いもよらないことでした。

●14時46分

私は当時受けもっていた1年生を玄関で見送り、職員室で会議資料をコピーしようとしていました。そのときにあの揺れが起こったのです。

私は1978年、中学生の時に、マグニチュード7を超える宮城県沖地震を経験しています。当時、部活動で校庭にいた私と他の部員は立っ

まだ何も知らない3月11日。体育館の清掃中。

ているこ とができず、その場に四つんばいになるしかありませんでした。校庭脇の自転車置き場の屋根がものすごい金属音を鳴らし、遠くに見える採石場の山が轟音とともに崩れた当時の記憶が一瞬でよみがえり、気がつくと、コピー機やコピー機脇の棚の上にあった大きなパソコン用プリンターを押さえていました。

宮城県沖地震よりも長く激しい揺れに言葉もでませんでした。

（校舎が崩れるかもしれない……。子どもたちは……！）

激しい揺れからそのような思いもよぎりました。揺れは２分以上も続いたでしょうか。しかし、校舎は持ち堪えました。実は、震災が起こる前の年に耐震補強工事が行なわれていたのです。揺れが収まったあと、教頭の指示のもと、走って各教室へ行き、子どもたちの様子を確認しました。校内に残っていた全員がケガもなく無事でした。担任の先生に校庭避難を指示。校舎の玄関を出て、あらためて、子どもたちが全員いるかを確認しました。あまりの恐怖に泣き叫ぶ子どももいました。

身を寄せあっている子どもたちを見渡しながら、心の安定を取りはからう配慮の中にあっても、息つく間もないほど緊迫した判断が、その後、続きました。

3月11日（金）地震発生時の「島民の動き（避難等）」

●14時50分

島民が宮戸小学校に避難してきました。

島民は当時970名程でしたが、島外での仕事に従事している方がいたり、逆に島外から島内に仕事に来ている方もいるため、平日の日中人口は900名程度。そのほとんどの人が、島のほぼ中央で高台に位置する本校へと集まってきたのです。

●15時07分

教職員が校舎や体育館の安全確認後、児童および住民を体育館へと避難させました。教職員は児童の安全管理と住民の誘導（二次避難）を行なうとともに、体操用マットや椅子を体育館に出しました。島民が続々と体育館に入ってくる様子を見ながら、声をかけあい、即断即決で全教職員で受け入れ体制をつくったのです。

「受けとめる」「守る」。そのような言葉では言い尽くせない、教員として、人としての善なる気持ちがたちどころに一つになった瞬間だったと思います。

●15時45分

災害時を想定して設置していた防災電話は通じませんでした。防災電話は、電信柱からつながる有線電話です。地震の揺れによるものなのか、この時点で原因は不明でしたが、とにかく不通になっていたのです。そのときの焦りと憤り、無力感は言葉にならないものでした。

3月11日（金）地震発生後の「宮戸小の様子」

●15時50分

体育館に避難してきた宮戸市民センター職員から信じられない言葉が伝えられました。

「津波が大浜を直撃している。車や家が流されている。」

「松ヶ島橋は段差が50㎝ほどある。車の通行は不可能だ。」

避難所の一部となった宮戸小体育館。

（どうする……。）

これまでに経験したことのない揺れから、大変なことが起きると直感していましたが、予想をはるかに超える現実に、悲しさを感じる余裕すらありませんでした。

●15時55分

宮戸小の校庭に入る〝のり面〟まで津波が押し寄せてきました。のちに、震災から1年を過ぎて、子どもたちと島のハザードマップづくりをしていたときに海抜を測ったところ、校地まで14mあり、当時の津波の高さに、子どもたちとともに大変おどろきました。

3月11日（金）地震発生時の「島民、児童、教職員の動き」

●15時55分

高台にある校庭まであとわずかという津波に対して、逃げる準備をしながら見張る住民、津波の様子に言葉にならない声をあげる住民の姿が校庭にありました。

私は子どもたちを体育館と校舎をつなぐドア付近に集めていました。津波を見張る島民が誰だったか当時の緊迫した状況から思い出せませんが、その島民と私がアイコンタクトで、体育館から校舎の上の階へと子どもたちや島民を避難させるかどうか、状況を探っていました。１００ｍ以上離れた場所にいて、言葉を交わすこともなかったその方の目。その目だけは鮮明に記憶の中に残っているのです。

人は太古の昔、密林や草原にいたときから仲間と力をたずさえ、獣から身を守り、暮らしてきたことによって、コミュニケーション力や社会性を身につけてきたと聞いたことがあります。あの津波が襲ってきた瞬間、私とその島民は、間違いなく、人類が身につけてきたコミュニケーション力と社会性を総動員して津波と対峙していたのです。７年過ぎた今だからそう振り返ることができる、震災時最大の緊迫した時間でした。

とても長く感じた時間を経て、校舎への避難は必要なしと島民と私は判断しました。校舎倒壊の危険も予測されることから校舎内へ島民を移動させなかったのです。私は寒さが入り込むドア付近から子どもたちを体育館の奥へと移動させました。子どもたちについては、この時点では、１年生はすでに帰宅しており、そのうち２名の安否が確認できずにいました。

（どうか生きていてくれ。家族と浜の高台に避難していてくれ。）

切なる祈りが頭の中で何度も駆け巡りました。

●3月11日（金）地震発生時の「夜から翌日にかけて」17時25分

当時の教頭が子どもたちに次のことを話しました。

「家族と会っていない子はいませんか。」

「今は、島の外の野蒜地区には歩いて行けない状況です。」

「しばらく学校で過ごすことになります。」

避難直後に恐怖のあまり泣き叫んでいた子どもたちも、想像を絶するこの状況に涙も枯れてしまったようでした。子どもたちの安全確保を任された私は、「寒くないか」「けがをしないように気をつけなさい」などと声をかけながらも、厳しい現実を受け止める覚悟もさとしました。7歳から12歳の子どもたちにとってそれはあまりにも厳しい現実でした。しかし、そう話すことしかできなかったのです。

電力が途絶えた学校は、やがて暗闇に包まれました。宮戸島には４つの浜があり、

３つの浜は津波をまともに受けましたが、内湾側の里浜地区は津波の直撃を免れ、民宿や民家から毛布や食料が届きました。しかし、避難民９００人をまかなえる数ではありませんでした。

●17時40分

安否が確認できない１年生２名のうちの１人が、同じ浜の大人の方と山道を通って学校に向かっているという情報が入りました。そして、もう１人の１年生も里浜の高台にある医王寺に避難していると情報が入ったのです。そのとき、２人の児童の担任だった私は安堵感から腰が抜け、

「よかった。よかった。よかった……。」

と体育館の床に座り込んで、何度も何度も繰り返していました。

奇跡的なこともありました。震災直後の夜、食料の絶対数が足りない中、子どもたちにお菓子を食べさせることができたのです。そのお菓子は、その日の６時間目に予定されていた、卒業生による教職員への感謝の会のために用意していたお菓子でした。

女性の先生方に、体育館にいた子どもたちをそっと校長室に連れてきていただきました。懐中電灯の小さな明かりの中、お菓子をほおばる子どもたちにほんの少し笑顔が戻りました。その場にいた教職員全員が胸をなでおろしたのは言うまでもありません。

悲しいこともありました。乳児の泣き声に声を荒立てる方の姿です。養護教諭が乳児とお母さんをそっと保健室へ連れていきました。親密な近所づき合いがなされていた宮戸島では想像しにくい事態でしたが、乳児から大人まで誰もが極限状態に陥っていたことを、それは映し出していました。

お菓子をほおばり、ほんの少し笑顔が。

震災から数日間の様子

●３月12日　７時55分

震災２日めの朝、島内にあった防災無線が宮戸小に運ばれました。無線のまわりに集まったどよめく島民の姿は映画のスローモーションのようであり、早送りのようでもありました。東松島市役所の対策本部と連絡をとることができて、島内の様子がはじめて伝わったのです。また、津波の直撃を免れた里浜住民から食料、燃料などが提供されました。避難所となった宮戸小にいたすべての人が、口々に感謝の言葉をつぶやいていました。

その後、各浜の安否表を作成するとともに、校舎の安全確認を行ないました。普通教室で倒れている物はあまりありませんでしたが、特別教室は悲惨な状況でした。３階図書室の本棚は固定していたので倒れていなかったものの、床に落ちた本の散乱ぶりはひどいものでした。

同じく３階のパソコン室もひどい状況。天井につり下げられていた蛍光灯の固定部分から、地震で揺すられて落ちた天井板の粉は、まるでパン粉のような感じで、机から転げ落ちたパソコンモニターや机の上に積もっていました。２階の音楽室と理科室はさらにひどい状況でした。壁際にあった固定されていなかった木製の楽器棚は教室の中程で倒れ、床は割れた楽器棚のガラスが一面に広がり、足の踏み場もないほどになっていました。理科室の実験器具も散乱し、ガラス器具は、どう触っていいのかわからないほど破損したり、転がっていたりといった状況だったのです。このような状況から特別教室を避難所にすることは無理だと判断。普通教室を浜ごとの避難所にすることに決めて、島民の方には、すし詰め状態だった体育館から教室に移動していただきました。

●3月13日　7時40分

震災3日めの朝に救助ヘリが到着しました。嘔吐や過呼吸の児童を搬送しましたが、どこの病院に連れていかれたかわからず、島内に戻ることが大変だったと、後日、保護者の方から教えてもらいました。

（各地区の病院も悲惨な状況に陥っている……。）

電力が遮断され、情報がなかなか入らない状況でしたので、数少ない情報から、島以外も大変な状況になっているのだと想像するしかありませんでした。

●3月13日　11時20分

救援物資、医療チーム等のヘリコプターが到着しました。誰に言われなくとも、島民がヘリへと一列に並び、バケツリレーのように救援物資を校舎内に運び入れました。

この阿吽の呼吸こそが、宮戸島の常日頃のコミュニティのよい関係性を証明していると感じた瞬間でもありました。

●3月13日　12時40分

今回の地震のマグニチュードが9だったとラジオ放送で知り、目を丸くしながら職員と顔を見合わせました。体験した者にしかわからない実感をともなった驚きがそこにはありました。

医療チームのヘリが到着。

震災から一週間を過ぎる頃

食事は少ないながらも、避難所にいた全員に配ることができていました。

しかし、９００人を超える人数にトイレの数が間にあわなくなってきました。ほどなく、大便が校舎の隅のいたるところで見つかるようになり、中には誤って踏んでしまった跡もありました。教室へはすでに土足で入っている状況でしたので、衛生面の対応が急務でした。新聞紙を昇降口や教室入り口へと敷き詰め、海苔養殖用のタンクにプールの水を入れて、トイレ用の水として利用しました。

持病をもつ方の容態も心配が増え、さらに、教室や体育館では寒さ対策という面で戸を閉めることも多いことから、風邪も蔓延してきました。

校庭には多くの男性島民の方の姿が絶えずありました。浜から瓦礫となった家々の木材を持ってきて燃やし、暖をとっているのです。木材を取りに行って、足の裏に五寸釘を刺してしまう方もいました。まさに足の踏み場もない瓦礫の山です。瓦礫の処理などに向かう方にいっそうの注意が喚起されました。

そんなある日、体育館に避難している方が複雑な面持ちで相談にきました。

「体育館トイレの壁に大便がすりつけられている……。」

こうしたことから、避難している皆さんが、連日、過酷な状況にさらされ、精神状態が危うくなっていることを誰もが感じました。朝や夕方に各浜の代表者が集まって行なう打ち合わせでは、苛立ちから怒号が飛び交うこともありました。しかし、そのようなときだからこそ、浜ごとに輪番制でトイレを掃除したり、食事をつくったりといった避難所としての組織的な運営が重ねられるようにもなってきました。誰もが必死に、自分ができること、みんなでできることを模索している、そのような日々が続きました。

②年月を重ね改善されてきた問題・新たに生じてきた問題

震災当初、保護者や教師は児童の心のケアを重ね、児童も目の前の現状を精一杯受けとめて毎日を送っていました。学校は4月21日に再開、入学式と始業式を行なうことができましたが、子どもたちのストレスはたまっていく一方でした。各浜の高台に分散させた避難所や、高台がない浜辺の地区が学校の体育館の半分を避難所として利用している中、さまざまな形で体や心のストレスが表われてきました。

住まいや仕事はどうなるのか、先の見えない不安に大人たちも憔悴しきってしまい、子どもたちにかける優しい言葉にも説得力がなくなってきてしまったのです。そして、そのような状況に追い込まれ、不安や恐怖、悲しさなどを充分に受けとめてもらえない子どもたちは、やり場のない感情を周囲にぶつけるしかありませんでした。多くの高齢者が歩く避難所のまわりを自転車で暴走したり、低学年の子どもに対してわけもなく足蹴りをしたりといった信じられない光景を保護者や教師は目にしたのです。純朴で優しく、学年の分け隔てなく仲がよい宮戸島の子どもたちではあり得ない姿でした。

この状況はのちの「宮戸復興プロジェクトC（チルドレン）」という図画工作科の取り組みや環境の改善、保護者の努力などによりなくなりましたが、よいことや不幸なこと、そのどちらの歯車も、一度動き出すと連鎖反応のように回り続けることを見せつけられました。

また、年月を重ねるうちに新しい問題も出てきました。その一つが、小学校を卒業して中学へと進学した子どもたちのことです。中学校の先生方も懸命に生徒の対応をしてくださったのですが、中学生となった宮戸の子どもたちの問題行動が耳に入ってくるようになりました。命に関わる重大な問題行動を、自ら何度も繰り返す子どももいました。

夜、突然に私の携帯電話が鳴り、悩みを話す保護者の声。保護者の心が掻きむしられているように見えるメール。電話で話を聞き、メールを読み、そのときにできることを精一杯したつもりですが、卒業している子どもということもあって、直接対応できないもどかしさを感じる日々でした。その状況は震災後５年ほども続きました。

一方、新たに宮戸小に入学してくる児童にもＰＴＳＤ（心的外傷後ストレス障害）の症状を抱えている子が多くいました。保護者によると、水が怖い、被災時にいた野蒜海岸を通るのが怖いなどといった症状があるというのです。震災後、４年めを迎える頃から出てきた問題でした。未就学児の頃の様子を幼稚園や保育所の先生のところに行って聞き、幼児の頃の様子を把握するなど、これまで以上にていねいに対応するようにしましたが、症状の改善には担任だけでは抱えきれないケースも多く、スクールカウンセラーの先生の力をお借りすることもありました。

悩みを抱える子どもたちや保護者とのやりとりを重ねる中で、あるとき私は気づ

いたことがあります。それは、

(保護者自身が、今まさに、あの震災と真正面から向き合っているのだ。)

ということです。人は誰しも、嫌なことは遠ざけたいものです。ましてや命に関わるつらい体験を思い出すことは、それだけで心が折れてしまいかねません。

しかし、スクールカウンセラーの先生から、子どもたちのＰＴＳＤの症状を和らげる療法の一つにエクスポージャー法（暴露療法）が有効であると教えていただきました。心の傷を癒やしつつも、乗り越えていくためには、その人ができる範囲で心の傷の原因そのものを直視していく行動療法でした。被災時のわが子の状況を話す保護者は、私に話すことで、被災の記憶を今まさに乗り越えようとしているのだと思いました。中学校や高校と比較すると小学校や幼稚園、保育園の教師は、保護者との日常的な関わりがより大切な職業です。

(子どもだけではない。保護者の方や地域を丸ごと受けとめよう。)

震災後、避難所となった学校での日々は想像をはるかに超えたことが起こり続けました。そんな中、こうした気持ちが私の心の中心にあることをはっきりと感じるようになったのです。

国や県の方針をふまえた教育の方向性

東日本大震災の発生後、国や宮城県では、教育現場に直接関わる次のような取り組みを行なってきました。（＊宮城県防災主任者研修会資料より抜粋）

・２０１２年４月
県：防災担当主幹教諭の配置・防災主任の任命

・２０１２年４月
国：「学校安全の推進に関する計画」閣僚決定

・２０１２年10月
県：「みやぎ学校安全基本方針」策定

・２０１４年２月
国：大川小学校事故検証委員会が「24の提言」を提唱

・２０１４年３月〜２０１６年３月
県：防災副読本「未来への絆」を作成

・２０１５年３月
国：国連防災世界会議の仙台市での開催
・２０１７年３月
国：「第２次学校安全推進に関する計画」の閣議決定
・２０１７年11月
県：「みやぎ学校安全推進計画」の策定

これらの取り組みや動向は、一つ一つのつらい現実や当事者、関係するすべての人の思いが、「もの」や「こと」となって具現化されたものです。それらをふまえ、宮城県内の各学校では「防災マニュアル」が自校化されました。そして、地域と連携した防災教育の実践が現在も求められ、続けられています。

①現在をとらえる防災教育だけでは子どもは笑顔になれない

宮戸小でも自校化した防災マニュアルを活用し、校庭に設置された仮設住宅に住む島民とともに避難訓練を行なってきました。島民も子どもたちも真剣に取り組み、一定以上の教育的効果がありました。

しかし、何か足りないものがあると私は感じていました。それは、子どもたちの笑顔です。もちろん災害を想定した訓練に笑顔は必要ないのですが、子どもたちがつらい過去や現在を見つめ、さらに未来をつくろうと前を向いて生きる教育が被災地にはもっと必要だと感じていたのです。

宮城県教育庁では２０１７年度、スポーツ健康課が「本県における防災教育を中心とする学校安全の取り組みについて」という文書を作成し、その中で今後の取り組みの方向性に「志教育と防災教育が連動し、郷土の復興・再建に向けた強い心と高い志をもつ児童・生徒を育成する」と示しました。私が感じていた気持ちがそこにあり、

仮説住宅の方とともに行なった避難訓練

私の考えは異端ではなかったと思える瞬間でした。

そこで、宮戸小ではどのように取り組んできたのか、振り返ってみます。

エクスポージャー法は確かに有効ですが、一人一人にきめ細かく対応してこそ生きる行動療法です。学校というシステムの中で集団を対象として教育を展開するとき、つらい過去を重点に行なう教育は、ＰＴＳＤの症状を抱える子どもには対応できない場面が必ず出てきます。つらい過去をふまえつつも、未来に向かって前を向かせ、歩ませる教育こそが、被災した学校の一斉指導には必要だと考えたのです。

②未来へ向けて——宮戸復興プロジェクトC始動

宮戸小の教師の中には、震災により家族を失い、家屋を流された者もいましたが、避難所対応や学校再開の準備などに追われる日々が続いていました。そうした中、教職員の疲労が、ケガや事故といった形でぽろぽろと出てきました。ポットのお湯を片づけようとして、うっかり自分の腿にお湯をかけてしまい大やけどをしてしまった教員。震災で家族を失い、心が折れそうになっていた教員。過労で日中に倒れてしまい、緊急搬送される教員も出てしまいました。家を流された子どもたちや島民も過酷な状況にありましたが、避難所となっていた学校にいた教員も心身ともに疲労がピークに達しようとしていました。この状況を何とかしなければならない。そう強く思いました。

震災では多くの方が亡くなりました。生き残った私は、教師として、人として、今この宮戸島で何ができるのだろうかと自問していました。

そして震災から約2カ月、2011年5月の連休が過ぎた頃、私にできることは、学生時代から学び続けている図画工作であると思ったのです。そこで、「子どもたちが夢と希望をもって学校生活を送るために、10年後の宮戸島を図画工作で表現させたい」と職員に呼びかけ、校長の支えのもと、「宮戸復興プロジェクトC（チルドレン）」を始動させました。

プロジェクトCの指導の方針は次の3点としました。

・明日の宮戸に向けて、夢をもって表現する。

・子ども一人一人の希望につながる思いを大切にする。

・家族、地域の人に自分の夢と希望（思い）が伝わるものにする。

プロジェクトCは、朝の始業前活動である学習タイムや図画工作科、総合的な学習の時間などを活用。震災の影響で宮戸島の環境が激変してしまい、カリキュラムも大きく見直さなければならなくなりましたが、文化的行事や地域の活動が制限されてしまった総合的な学習の時間や生活科の指導時間等も組み直して、計画を立てました。そして何より、図画工作という教科に震災を乗り越える力があると信じて、1年間の活動計画を立てたのです。

次からが図画工作にフォーカスした取り組みです。

プロジェクトC　第1期活動

児童の自主性を活かし、自ら表現を追究する指導の工夫

第1期の画用紙に描く活動では、「10年後の宮戸島の様子を思い、夢や希望をもって毎日の生活をがんばろうとする自分になる」というねらいを児童と確かめあいました。

構想の段階ですでに子どもたちは、自分の夢や希望を表現することに適した画材

を自ら選び出し、これまでに学んだ表現技法をその子なりに考え、思いつき、選択して描いていました。

　子どもたちの様子を見たところ、これまで以上に意欲的に活動を続け、休み時間になっても描き続けていました。それは、自分自身で画材や表現技法を選び出して活動していることに加えて、構想カードに書き込んだ「釣りができる宮戸になってほしい。」「きれいな海の宮戸になってほしい。」などの言葉が、子ども一人一人の心の底から湧き出た強い願いだったからだろうと、私たち教員は感じ取りました。

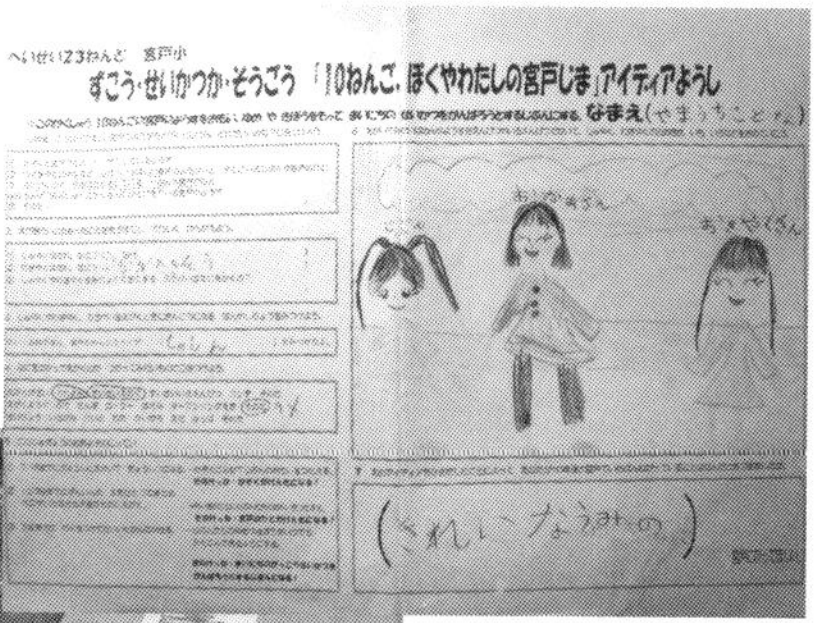

児童の夢や活動が書かれた構想カード。

休み時間になっても描き続けていた子どもたち。

子どもたち一人一人が描いた
「10年後の宮戸島」。

プロジェクトC　第2期活動
児童の思いを醸成する「親子による創作活動」

第2期の活動の始まりは、親子による創作活動としました。子どもたちは、親にほめられて、自分の思いを受けとめてもらっていると感じる時、いっそうの安心感をもって毎日の生活を送ることができます。親子による創作活動では、それぞれの子どもが描いた「10年後の宮戸島」の絵をもとにして、親子で、どんな言葉で、10年後の宮戸島の様子を表わすかを考え、文字と模様で表現してもらいました。

児童の10年後に対する宮戸への思いを醸成する原動力となって、子どもたちの背中を押し、自主性を育むことにつながると考えたのです。

子どもの思いを受けとめて、親子で願いを込めた創作文字をつくる。

プロジェクトC　第3期活動

児童の思いを「一つの壁画に児童自らまとめていく創作活動」

第3期の活動のねらいは、元気を取り戻した自分や家族の力を生かし、「宮戸地区の人が笑顔になる、元気になる」よう、子どもたちが自主的に表現活動に取り組めるように指導の工夫をすることが必要だと考えました。表1は、職員に提案した壁画づくりの日程や指導の留意点です。

表1　壁画づくりの日程と指導の留意点

活動日	主な活動内容	指導上の留意点
業前活動 9/13(火) 16(金) ＊15分×2回	・一人一人の絵をもとに、「海」「森」「人」など、似たテーマごとにグループをつくる。 ・グループごとに、自分たちの絵を1つに表わしたらどうなるか　模造紙に下がきをする。 ・下がきを発表し合い、各グループの思いや考えを感じ取る。	・教員は、似たテーマごとに担当者として助言や指導をする。 ・異学年によるグループの中で話し合いをさせ、まとめ役となるリーダーを決めさせる。
業前活動 9/20(火) 27(火) ＊15分×2回	・グループでまとめた模造紙の下がきを持ちより、それぞれのテーマを1つに表わしたらどうなるか、グループごとに模造紙に下がきをする。 ・描いた下がきを他のグループに発表し、お互いの良さを見つけ、最終的に1枚の下がきにする。	・教員は、グループのメンバーの意見をうまく調整し、リーダーが下がきをしやすいよう支援する。 ・リーダーの中から、話し合いでリーダーのまとめ役を選出させ、最終的な下がきの構成をさせる。
文化的行事 9/28(水) ＊2・3校時	・全員で1つにまとめた絵をもとに、ベニヤ板に下がきをする。 ・ベニヤ板4枚分であることから、4つのグループをつくって、制作を進める。 ・下がきの終わった部分から、水彩絵の具で描く。 ＊全学年による共同制作という活動であるため、児童一人一人の絵の明度や彩度の違いが、のちの表現でのつまずきにならないように、ある程度、明度や彩度を合わせて取り組ませることにする。	・教員は、下がきのできたところから水彩絵の具で児童に色をぬらせる。 ・教員は、児童の水加減や明度が、一緒に制作してる仲間と似ているかどうか考えさせながら描くよう支援する。 （中学年以上）
業前活動 9/30(金) ＊15分	・それぞれのベニヤ板ごとに描いている色を見合い、色の調子を整えたり、描きながら新たな発想をしたりして、友だちと折り合いをつけて描き加える。	・教師は児童の気づきを賞賛する。 加えて、短時間で色の調子が整うよう水や絵の具の配合について助言する。
文化的行事 10/11(火) ＊2・3校時	・4枚のベニヤ板を合わせ、壁画全体を見ながら、最後の仕上げをする。	・教師は児童の新たな発想や気づきを賞賛する。 ・児童の10年後の宮戸への夢や希望につなげた賞賛を忘れてはいけない。

プロジェクトCにおける児童の葛藤と成長

第３期活動の壁画づくりの中で、ある問題が生じました。５年生のＡ君が、描く魚にどうしても鋭い牙をつけたいと言い出し、鉛筆で下書きを始めたのです。児童全員で話し合った「夢や希望に向かった明るい様子の壁画」とは異なる雰囲気を醸し出すことになり、児童の話し合いで選ばれた数人のリーダーたちもどのように対応したらよいか困惑してしまいました。

教師としては、Ａ君がどうしても描きたいとこだわる思いを、集団の意向で納得できないまま無理やり封じ込めるようなことはしてはいけないと思いました。そこで、震災復興に伴う集団移転の話を取り上げてみたのです。

「宮戸島の大人のみなさんの話を一つします。島のみなさんが住み慣れた土地への思いは深く、浜を離れたくないという方もいます。しかし、現状を受けとめ、折り合いをつけて高台へ移転したり、遠く離れた場所へ移り住んだりと、前へ踏み出さなければならないのです。」

これ以上は話しませんでした。A君にはやや難しい話になったと思います。しかし、何かを感じ取ったようです。A君はしばらく描くことをせず、まわりの児童がベニヤ板に描いている様子を見たり、鉛筆や筆を小刻みに動かしてベニヤ板を叩いたりしていましたが、やがて、魚の鱗を画用紙にカラフルに描く友だちの作品を見つけました。そして、自分もカラフルな鱗の魚を描きたいと言い出したのです。

その言葉を聞き、教師よりもうれしい笑みを見せたのは、他ならぬ、同じグループの子どもたちでした。葛藤していたのはA君だけではなかったのです。

児童一人一人の絵が一つの壁画になっていく

他のグループがどんな思いで「10年後の宮戸島」を描いているか、下描きをお互いに見合っている様子。

ことで、全校児童29人の心も一つになっていく様子を、宮戸小の教職員も感じ取ることができました。それは、「未来に向かってがんばろうという気持ちになった。」「宮戸小全員の気持ちが一つにまとまった。」といった活動後の児童の感想にも表われています。A君の感想は、「みんなの心が一つになってうまくできたのでよかった。」という内容でした。この言葉は、校長をはじめとする教師の「復興教育」への思いをいっそう奮い立たせることにつながりました。

初夏にはじまったプロジェクトCの活動は壁画が完成する頃には秋になっていました。そして、この活動をしていく中で、いつしか子どもたちに起きていたさまざまな問題行動は消えていきました。

ベニヤ板に描いている様子。

子どもたち一人一人の思いを一つの壁画にした「10年後の宮戸島」が完成。

③未来を見つめて歩み出したとき 子どもに笑顔が戻ってきた

震災のあと、宮戸小では「10年後の宮戸島」について思いをめぐらせる図画工作や、将来への夢や希望につながるようにと親子創作活動を行ないました。壁画が完成し、体育館の壁に取りつけたのは冬休み前のことです。この壁画は、子どもたちの思いの結晶でした。

卒業式の日、来賓や保護者などの多くの島民が壁画のある体育館にやってきました。人は大きく心を揺さぶられると、言葉にならないのでしょう。壁画の前に立ち、しばらく動こうとせず、じっと見つめる島民の姿から私はそう感じました。

２０１２年春からは、「10年後の宮戸島」に描かれた子どもたちの夢や希望を実現するために、子どもたちができる活動をカリキュラムに組み込み、浜清掃や、ハマヒルガオを浜に植えて再生させることに取り組みました。

自分たちが思い描く未来につながる活動を重ねていく中で、子どもたちにどんどん笑顔が見られるようになってきました。「やらされている」活動ではなく、自らの夢の実現に向けて歩み出している姿の現われだと感じることができ、宮戸小の教職員は、職員室で次のような話を交わし、そして願いました。

「プロジェクトCの取り組みがこれからも続き、児童の夢や希望が高い〈志〉となったら本物だね。」「10年後、あの壁画が震災前以上の宮戸をつくり出す原動力になっていたら、これ以上のうれしいことはないね。」

浜清掃。

ハマヒルガオプロジェクト集合写真。

第２章
未来を見つめて歩み出すための教育活動　その１

宮戸小で子どもたちが取り組んだ「10年後の宮戸島」の壁画は、宮戸島の人に限らず、島を訪れた支援団体や被災地視察の方々の心を動かしたと思います。震災の翌年、東京都の指導主事が数10名で視察に訪れました。そして、壁画づくりは、復興へ歩もうとする夢や希望を生み出すことにつながったという内容が、東京都内小学5年生対象の防災副読本に掲載されたのです。また、壁画づくりや一連の宮戸復興プロジェクトCの取り組みが地方紙でも継続して大きく取り上げられ、子どもたちの自信や、保護者や島民の復興の活力へとつながりました。

10年後の宮戸《みやと》島

東日本大震災で、私たちの住む東松島市の宮戸島は、多くの家々や浜が津波で流されました。この震災に負けず、未来に向かってがんばるために、「10年後の宮戸島の風景」を、全校児童29人、一人一人が画用紙に描きました。

一人一人が描いた10年後の宮戸島の絵を、似た風景ごとにグループを作って話し合い、ベニヤ板4枚分の壁画《へきが》にしたのがこの絵です。

大きな壁画を作っていく活動は、私たち小学生にできる宮戸島復興の活動そのものだと思っています。全校で絵を描いて、気持ちが一つになりました。この絵は、震災に負けない宮戸小の気持ちなので、たくさんの人に見てもらいたいです。

宮城県東松島市立宮戸小学校　児童一同

人と人との関係

ぼくは、3月11日の津波で、ぼくの大切な野球の道具などを多く失いました。

地震や津波は危険《きけん》なものです。家族を失った人たちもいます。

でも、みんなで力を合わせて、人を助けることで、人と人との関係ができていくことがわかりました。祖母の知り合いは、自分も被災しているのに、支援物資を送ってきてくれました。

人と人との関係があってこそ、3月11日の地震や津波を乗り越えてこられたのだと思います。

地震や津波で、よくないことがあったけれど、そのおかげでぼくは、助けられてばかりだったことに気付きました。だから、これからは、困っている人に手をさしのべていこうと思いました。

福島県いわき市立久之浜第一小学校　6年　菜花　友紀

東京都の小学校防災教育副読本に掲載された「10年後の宮戸島」壁画。

さらに、こうした動きは新たな出会いへとつながりました。その一つが外国の子どもたちとの交流を進めているＮＰＯ法人地球対話ラボのみなさんとのとの出会いでした。

地球対話ラボのみなさんとは、当初、世界一幸福な国と称されるブータン国の子どもたちとのＳｋｙｐｅ

によるビデオ通話（※）交流から始まりました。「世界一幸福な国」という響きは、この頃まだ仮設住宅住まいをしていた子どもたちにとって、話してみたい、つながってみたいと思わずにはいられない対象でした。

※Ｓｋｙｐｅ：マイクロソフト社が提供するインターネット電話サービス。離れた場所にいる人と人がメッセージや音声通話を交わすことができるアプリケーション。

ビデオ通話は、宮戸島の特色を考え、ふるさとを見つめ直すきっかけを子どもたちに与えてくれました。自然豊かな宮戸島、縄文時代から脈々と受け継がれている深い関わりのコミュニティ、そして壊滅的な被害を受けた浜辺……。さまざまなふるさとの様子を見つめ直すことにより、被災地で日々生きている現実を真正面から受け止め、その中でも希望をもって生活していこうとする気持ちのとらえ直しができるようになってきました。

地球対話ラボとの話し合いを進める中で、２００４年にスマトラ島沖地震で大きな津波被害を受けたインドネシア・アチェ地区と交流することが、未来に向かって子どもたちが歩んでいける力をよりいっそう育むことになるのではないかという話になり、それがビデオ通話による交流活動の深まりと、図画工作以外への教育活動の広がりへとつながっていったのです。

次から、ビデオ通話による国際交流の軌跡と取り組みの中で気づいたことをまとめていきます。

子どもたちにとって憧れの存在、日本とアチェの大学生たち

２０１３年に始まったアチェとのビデオ通話による国際交流活動を支えてくれた存在、それが日本・アチェ双方の大学生たちです。彼らの子どもたちへの影響力には計りしれないものがありました。

震災後、多くの大学生が震災復興の支援活動として宮戸小を訪れてくれました。一緒に遊んだり、授業のサポートをしてもらったりといった活動の中で、子どもたちは、年齢が近いということもあり、素敵なお兄さん、お姉さんという憧れの気持ちを抱いたようです。教員である私たちにはもてない大きな力が大学生にはあると強く感じ、国際交流活動を中心に日本やアチェの大学生に教育活動のサポートをしていただきました。ときには、サポートという枠を超え、授業の進行役をしてもらうこともありました。

このような取り組みは、アチェの都市部の小学校や、ある放課後児童施設での日本の造形教育実践でも行ないました。そしてそれが、アチェの大学生の心を動かすことになったのです。

彼らは、スマトラ島沖地震のとき小学生であり、津波を体験した若者でした。その彼らが宮戸復興プロジェクトCの取り組みや、図画工作の実践を目の当たりにし、図画工作に夢や希望を抱かせる力があると感じたのです。そして、「10年後のアチェ」の絵をアチェの子どもたちに描かせたいという話にまでなり、「10年後の宮戸島」と同サイズの絵を、２０１５年夏に宮戸の子と同じ手法で描くということが決まっていきました。

２００4年に被災したアチェの子どもたちが10年の時を超えて志を抱き、アチェの今の子どもたちに夢や希望をもってもらいたいと図画工作科の力を活用することに

なったのです。右ページの写真が完成した「10年後のアチェ」壁画。図画工作科の教育が、国を超えて力を発揮した瞬間でした。

２０１３年に始まったアチェとのビデオ通話による交流は、アチェ関係者の日本の教育活動への関心につながっていきました。そして２０１５年には、アチェの小学校で図画工作ワークショップを行なうことになったのです。事前の教材研究で、日本で広く使われているホワイト粘土は使われたことがないなど、アチェと日本の大学生に準備のサポートをしてもらいながら実施しました。

では、次の項から図画工作科の取り組みを広げることになったビデオ通話について、事前準備のポイント、その教育的意義や価値などを述べたいと思います。

ビデオ通話による国際交流、事前準備6つのポイント

将来の変化を予測することが困難なこれからの時代を前に、今、学校現場では主体的・対話的で深い学びとなる「アクティブ・ラーニング」の視点での授業改善を模索し、各校で取り組んでいる状況にあります。「知っていること、できることをどう使うか」などの資質・能力を育むための具体的な改善の一つが「アクティブ・ラーニング」であるともいわれています。

アクティブ・ラーニングを取りいれた授業では、より積極的に自分の考えを他者に伝えたり、子ども同士で教えあったりするといった活動が大切であり、そのとき、子どもたちの思考は活性化し、真剣に課題に立ち向かっていくとされています。実際に、このような子どもたちの様子を、宮戸小や宮野森小（※）で実践してきたブータンやインドネシア・アチェとのビデオ通話授業でみることができました。

※宮野森小：被災した宮戸小と野蒜小が統合され、2016年4月開校。

そこで、宮戸小や宮野森小で行なってきたビデオ通話による国際交流教育のおお

まかな手順や留意点を紹介します。地球対話ラボとの協働によって実現したことでもあり、題して、【地球対話のつくりかた〜宮戸小・宮野森小の巻】。

ビデオ通話による国際交流にご興味のある方、教育現場で実践してみたいと考えている先生方は、次からの６ページほどを一読してみてください。何よりも必要なものはモチベーションと行動力。そしてＩＣＴ機器。他には特に必要ありません。そして教育効果は計りしれないほど大きくなります。

ポイント１　学習場所

広さのある普通教室か特別教室。参加する子どもが映りやすく、集まって座れるとよいでしょう。模造紙を広げたり、特色ある文化や生活習慣の実演をしたりする場合もあるので、机や椅子が移動しやすいと便利です。

ポイント２　準備するもの

□子どもの持ちもの：筆記用具や伝えたいもの

□教師が準備するもの：スマホ（あるいはタブレット型端末）またはＰＣ／プロジェ

クターとスクリーン、または大型モニター／大型スピーカー／ドラムコード／ＰＣの場合は必要に応じて対話用マイク・カメラ

□インターネット接続環境

宮戸小では当初、震災の影響下から、携帯電話の受信環境が整っていなかったため、地球対話ラボの支援により、光ケーブルを引いていただき、ノートパソコンを使ってビデオ通話機能によるリアルタイムな国際交流を行ないました。

しかし、被災地のインフラが復旧するにしがたい、統合した宮野森小では、スマホ画面を拡大表示するという方法が最も手軽な接続方法となりました。

教師の準備物は学校のＩＣＴの設備環境に左右されますが、画面が大きいほうが、目の前に外国の子がいるような臨場感が生まれ、子どもたちの気持ちが高まります。もし学内等にあり、使用できるようでしたら、ぜひ試してみてください。

ポイント３　ビデオ通話のセットアップと通信テスト

ビデオ通話アプリケーションのＩＤを取得して、場所や機器など本番と同じ状況

で、相手側の先生方と事前に通信テストを行なっておくことをおすすめします。パソコンの環境によって、画像は見えるが音声は聞こえないといったようなことも起こり得ます。その際は、パソコン本体とビデオ通話両方の設定を調整します。

ポイント４　授業のための準備

□相手先との基本計画打ち合わせ

前年度、もしくは新年度初期に行なうほうがよいと考えます。まずは教師もビデオ通話による国際交流を楽しむ気持ちをもつとよいでしょう。

□対話に向けた授業計画細案作成

相手国の言語、もしくは日本語、英語を状況に応じて使い、作成します。困ったときには、関係者にすぐに相談します。一人で抱え込まないことが大切です。他人任せは困りますが、心ある方がきっとよいアドバイスをくれるはずです。困りごともみんなでシェアすれば、教育活動はより躍動的に展開できるのです。

ポイント5　直接対話に向けた直前の打ち合わせの時期と内容

直前の打ち合わせとはいえ、1カ月前くらいには行なうことが望ましいと考えます。直接対話に向けて、役割分担、知りたいこと、伝えたいこと、とくに思考活動させたい場面などを打ち合わせしてください。宮戸小、宮野森小では、ビデオ通話も含めてアチェ交流に関わる総時数は、総合で8時間計画しました。

ビデオ通話やSNSなどを活用して、関係者と情報を共有することが大切であり、協働的活動は教師自身もきっと楽しいと思えるはずです。また、事前に対話をする子どもたち相互の名前と写真があると、子どもたちの関心はより高まります。

ポイント6　当日の流れ（例）と注意点

①開会　　＊進行：国際理解教育担当、または担任など
②校長あいさつ
③支援団体担当者あいさつ
④活動内容の確認
⑤対話交流

⑥　お互いに感じたことの発表
⑦　今後の交流についての説明
⑧　閉会

言葉は短く、簡潔に。通訳が入ると、単純計算で会話時間が２倍になります。通訳が入ることを意識して、通常授業の倍以上の時間がかかると考えるとよいでしょう。通訳の方と、どちらの発言をどちらが訳すか等の確認をしておくことも必要です。

動画や写真の活用が時間短縮につながります。本番で活用するデータは、事前にクラウドを活用して相手側に送っておくと便利です。

画面を通した会話に慣れないうちは、子

対話する子どもの隣は進行役の学生と通訳の方。

どもたちも緊張するかもしれませんが、笑顔で話す、相手の話をきちんと聞く、おどろいたり笑ったり、普通にリアクションしてよいことを、教師やサポートする人が実践してあげるとよいと思います。それを見て、子どもたちもだんだん普段通りに話せるようになるでしょう。

また、発表する内容や質問する内容を練習することは大切ですが、それを〝話す〟だけで終わらないように気をつけたいものです。発表したり、発表を聞いたあとの質問や感想が子どもたちから自然に発せられることが大事だからです。ちなみに宮戸小では５Ｗ１Ｈを感想や質問の視点にすることで、子どもたちの思考活動が活性化したので後述いたします。

ビデオ通話による国際交流を重ねてきて、日本の子どもたちの表情やボディランゲージの少なさがみえるとともに、このことで、せっかく持ち合わせている素敵な個性や気づきが伝わっていないもどかしさを感じてきました。一期一会の出会いなので、学習を超えた心の対話になるように、教師の事前の幅広い「教え」と「育て」が大切であると実感しています。

習って工夫し、練って楽しいビデオ通話による国際交流アラカルト

ここでは、ビデオ通話による国際交流の教育的意義や価値について触れていきたいと思います。

①ビデオ通話による国際交流って何？

ビデオ通話による国際交流とは、スマホやパソコンのアプリケーションにあるテレビ電話機能を活用して他国の子どもたちとリアルタイム対話をする活動です。

前述しましたが、私がよく使っていたアプリケーションは、マイクロソフト社が提供するＳｋｙｐｅというサービスのビデオ通話機能。インターネットで離れた人と人をメッセージや音声通話、ビデオ通話ができる無料（もしくは低額）のアプリケーションです。ビデオ通話は、搭載する携帯電話、パソコン、テレビなど多様なデバイスで使うことができます。

宮戸小や宮野森小では、このビデオ通話機能を使って、インドネシア・アチェの子どもたちとリアルタイムの話し合いを重ねてきました。

②外国や他の地域と交流する意義や価値

多様なＳＮＳサービスが広がっている現在では、小学生でもゲーム機を使って簡単にメールのやりとりをしていることが少なくありません。この手軽さはＳＮＳを使ったトラブルにつながり、事件となった事案が多数発生しています。そのため、保護者や教育関係者の適切なインターネットモラルの指導が常に叫ばれています。

このような危険な側面がある反面、この手軽さは、これまで出会うことがなかった地域の人と人を結びつけるメリットも併せ持っています。

地球対話ラボの方から、外国や違う地域の人と交流することを提案されたとき、これは子どもにとって大いに興味や関心をそそることになるだろうと思いました。さらに、被災地となった宮戸小では、震災前であっても全校の児童数が48名の小規模校であり、中学や高校、その後の進路の中で、大人数の中でも自分の考えをしっかりと伝えられるコミュニケーション力の育成が課題となっていました。

（これは多くの課題を抱える宮戸小改善の起爆剤となる。）

そう直感し、地球対話ラボの皆さんと話し合いを重ねました。

そして、いよいよ、ブータンやアチェの子どもたちとのビデオ通話による国際交流を、宮戸小の子どもたちに持ちかけたときには、予想したとおり、ほぼ全員の児童が大きな関心を示しました。

子どもたちは、

「友達になりたい。」

「話をしたい。」

と目を輝かせて言いました。

そして、次の瞬間には
「英語で話すのかな。」

「あいさつはどうすればいいのかな。」

などとつぶやいていました。

文部科学省は、２０１６年６月23日の教育課程部会小学校部会の配布資料「主体的・対話的で深い学びの実現（「アクティブ・ラーニング」の視点からの授業改善）について（イメージ）」の中で、「学ぶことに興味や関心を持ち、自己のキャリア形成の方向性と関連づけながら、見通しを持って粘り強く取り組み、自らの学習活動を振り返って次につなげる〈主体的な学び〉が実現できているか」として、主体的な学びの姿を説明しています。

宮戸小や宮野森小の子どもたちのビデオ通話による国際交流では、複数年度にわたって継続的に児童が外国の友だちに伝えたい内容をそれぞれに考え、ビデオ通話をしたあとには、活動の振り返りを行ないました。まさに主体的に学んでいた子どもたちの姿がそこにあったのです。

前述の文部科学省配付資料の中では、「子ども同士の協働、教員や地域の人との対話、先哲の考え方を手掛かりに考えること等を通じ、自らの考えを広げ深める〈対話的な学び〉が実現できているか」と対話的な学びの姿も説明しています。

宮戸小や宮野森小の子どもたちのビデオ通話による国際交流では、外国との交流で、自分たちが暮らす地域との違いを目にして、高い興味・関心を維持し、比較する思考力が養なわれました。

さらに同資料では、「習得・活用・探究の見通しの中で教科等の特質に応じて育まれる見方・考え方を働かせて思考・判断・表現し、学習内容の深い理解や資質・能力の育成、学習への動機付け等につなげる〈深い学び〉が実現できているか」と深い学びの姿についても説明しています。

宮戸小や宮野森小の子どもたちのビデオ通話による国際交流では、初めのうちこそ、食べ物や相手国の自然環境に興味、関心が注がれていましたが、やがて、イスラム教やヒジャブ（イスラム教諸国の女性が頭やからだにまとう布）、スマトラ島沖地震にも関心が注がれ、対話の内容に広さと深さが生まれるようになりました。

『ネットの出会いが学びを変える　学校間交流学習をはじめよう』（稲垣忠編著、日本文教出版、2004年）に、Skypeなどのビデオ通話を学校の教育活動として実施する際、それは遠隔共同学習、共同学習、協働学習、交流学習などさまざまな呼び方が用いられていると書かれています。そして、身近で手軽なノートパソコンやスマホを活用してSkypeのビデオ通話による国際交流を重ねてきたことをおさえ、「ビデオ通話による国際交流」という言葉で学校間交流学習を呼称し、学校間交流学習を見渡す視点として次の3点を示しています。

コミュニケーション

「場面に応じて選択・活用する情報活用能力、わかりやすい発表の仕方、効果的な話し方などのコミュニケーション力」

コミュニティ

「交流相手といっしょに学んでいくことで芽生える『仲間意識』」

コラボレーション

「なぜその相手と交流するのか、交流して何をするのか」

これまで実践を重ねてきたビデオ通話による国際交流は、右の3つが融合して行なわれた授業でした。コミュニケーションを成立させるためのツールとしては、会話を基本としつつも、他者にわかるようにするために、身振りや手振り、画用紙や模造紙に大きく書いた文字、写真、動画などを活用しました。

宮戸小や宮野森小で行なってきたビデオ通話による国際交流での対話や子どもたちの感想の記述などから、次のことがいえると私は思っています。

「被災時期に違いこそあれ、同じ津波被災地に生きる子どもたちが、ふるさとのよさを伝えあいながら、自分の夢や希望を他者と比較することは、情報活用能力やコミュニケーション力を高め、仲間意識を育みながら、子どもたちなりに自分の考えを内省する深い学びの時間となった。」

小学校現場にいる教育実践者として、確かな手応えを私はそう実感しています。その学びの様子は、今まさに求められている主体的・対話的で深い学びの実現に向かう教育的価値を有していると思います。

２０１３年に実施された国際教員指導環境調査によれば、日本の教員の勤務時間はＯＥＣＤ加盟国等34カ国中で最長でした。そのような多忙な教育現場だからこそ、教育実践のエビデンス（根拠や検証結果）を示す取り組みを模索し、「人・もの・予算」のいっそうの充実を図る取り組みが必要であると思います。

その解決の糸口は、教師自身が学校という枠組みを超えて他者や他業種との方とつながることであると思います。コラボレーションしながら教育活動を展開し、時には業務を分散する働き方の改革で、少しずつ変革が実現していくと思いますし、そうありたいと私は考えます。

学校現場の疲弊を食い止める他業種との取り組みが今こそ必要だと思うのです。

③ビデオ通話による国際交流に適した教科、交流の種類

具体的な展開例は後述としますが、宮戸小や宮野森小でのビデオ交流では、総合的な学習の時間をはじめ、社会科や図画工作科、音楽、外国語活動、特別支援の自立活動など、さまざまな教科でビデオ通話による国際交流を行なってきました。

各教科特有のねらいに、ビデオ通話による国際交流の3つの視点「コミュニケーション」「コミュニティ」「コラボレーション」、そして主体的・対話的で深い学び

の実現ができるように授業を組み立てる工夫を図れば、特定の教科に限定される活動ではないと思います。発想は自分次第であり自由なのです。授業実践者の醍醐味がここにはあります。

ではビデオ通話による国際交流にはどのような種類があるのでしょうか。

前述の『ネットの出会いが学びを変える　学校間交流学習をはじめよう』によれば、分類の仕方は研究者によっていろいろありますが、ここでは、宮戸小や宮野森小で多くの実践を重ねてきた事例と関連性が強いと思われる木原氏（２００１）の分類をつかって紹介いたします。分類中、【】で示す部分が宮戸小や宮野森小での実践例です。

交流体験型

お互いの日常生活や地域の特色を紹介し合う交流。

異文化理解能力の向上を目指しています。

【宮戸小、宮野森小の実践の多くがこれに当たります。】

共同研究型

離れた地域に住む子どもたちが同じ視点で調査研究活動を遂行する交流。

【宮戸小、宮野森小の実践では、アチェの子どもたちと互いに、自分たちの住む地域のよさを見つめ直し、相手にわかるように伝えあいました。地域のよさを見つめあい、伝えあったことは、相違点を感じ取ることにとても有効でした。】

共同制作型

オンライン上の物づくりに共同で取り組む交流。

自分たちだけではつくり得ないものを生み出します。

【宮戸小や宮野森小の場合、オンライン上の物づくりはありませんでしたが、互いの地で同じテーマで絵を描き、それらを交換し合って比較する授業は行なってきました。】

連絡調整型

地域の人との交流にインターネットを活用することで、より密な連携をねらう。

【宮戸小、宮野森小で子どもたちのビデオ通話による国際交流前に指導者同士が打ち合わせ等を行なってきた取り組みがこれに当たります。】

④教師が感じる国際交流の魅力と落とし穴

ビデオ通話による国際交流の魅力

私がビデオ通話による国際交流を初めて知ったのは、２００３年に宮城県総合教育センターの研修員（当時の宮城県教育研修センター）として研修中のことでした。指導主事の先生にビデオ通話を紹介され、勤務する石巻市内の小学校で塩竈市の小学校の先生らと回線をつなぎ、子どもたちがそれぞれの地域のよさを紹介しあいました。子どもたちも、他校の子どもとテレビ電話のようにライブで交流できるビデオ通話に目を輝かせ、自分たちなりにわかりやすく伝える方法や話し方を工夫していました。

当時は現在よりも画像が鮮明ではなく、音声も映像とややずれて時間差を感じる状態でした。そこで、本番では子どもたちが身振り手振りを大きくしたり、ゆっくり話したりといった工夫をしました。子どもたちが交流の本番で、このように自らの状況を判断し、実行する姿に、私は大きな魅力を感じ、その後、石巻市内の他の小学校との交流も重ねました。

ただし、当時はパソコンの設定がやや煩雑でわずらわしさもありました。現在はスマホに代表される携帯端末などから手軽に設定ができ、当時に比べると設定のわずらわしさは、ほとんどないに等しい状況です。インターネット上のインフラが充実してきた今だからこそ、ビデオ通話による国際交流はおすすめです。

ビデオ通話による国際交流の落とし穴

現在は、外国とのビデオ通話がより手軽にできる環境にあり、より魅力的なＩＣＴツールとなっていますが、その魅力に惹かれるあまり、自校中心的な教育実践をしてしまいがちな落とし穴が存在していると感じる場面がありました。

たとえば、ビデオ通話に向けて、事前の検討を日本側の先生方と重ねているとき、進行スケジュールや内容など自分たちの都合だけを並べるような意見が見受けられるときがあったのです。確かにカリキュラム内容や時間割は決まっています。しかし、それは相手側でも同じであり、こちら側の都合だけでおし進めるビデオ通話による国際交流をしてはいけないと強く感じました。

相手の立場を配慮することの大切さを文化として受け継いでいるのが日本人であると言いたいものです。どちらの国の子どもたちにとっても教育的効果がいきわたるＷｉｎ―Ｗｉｎの関係づくりを大切にしたいものです。協働的に相手国と授業を成立させるときには、ぜひ押さえておくべきマナーだと思います。

⑤学びにリアリティをもたせる工夫

ビデオ通話による国際交流で、ライブ中継をよりリアルにするためには、できるだけ大きな画像と音声によって、目の前に外国の子がいるような臨場感をつくり出すことが子どもたちの気持ちを高めると前述しました。もう一つの工夫がありま す。それはお互いの地に同じ物を用意することです。

この考えに至った経緯は、次のようなことがあったからです。

アチェの子どもたちとビデオ通話を重ねていく中で、たびたび食べ物の話題が出ていました。あるとき、アチェの方がドリアンを用意し、その場で切って食べる様子が映し出されたのです。それを見た日本の子どもたちは、

「食べてみた〜い。」

「どんなにおいなの〜。」

と、口々に言っていました。

これがきっかけとなって、翌年、日本の特別支援学級の子とアチェの子が交流する際には、事前の打ち合わせにもとづき、日本のお菓子をアチェに送っておき、双方で同じお菓子を食べて、リアルタイムに感想を語りあえるような設定を考えたのです。

そしてもう1つ、このときの活動には大きな課題意識を持っていました。それは、「ビデオ通話による国際交流は、特別支援学級の子どもたちにとって本当に必要な教育なのだろうか」ということです。迷いもありました。

しかし、「相手の話をもとにして感じたことを話す」といったコミュニケーション能力に課題がある特別支援学級の子どもたちだからこそ、アチェの子どもとのビデオ通話による国際交流は突破口になると信じ、アチェ側日本語教師のハナフィ氏

と打ち合わせを重ねました。

10月のビデオ通話による国際交流を前に、9月には日本や宮野森小の行事を色紙に書いてアチェに送ったり、ビデオレターを作成したりしました。これは特別支援学級の子どもたちが基本的なコミュニケーションスキルを習得することに大いに有効でした。子どもたちがビデオ通話による国際交流に高い興味、関心を示していたからこそでした。

10月31日、日本時間10時30分・インドネシア時間8時30分、宮野森小特別支援学級の子ども4～5年生2名、アチェの子ども4～6年生6名のビデオ通話による国際交流が始まりました。初めて見るアチェの子

特別支援学級の子どもたちとアチェの子どもたちのビデオ通話を授業で行なっている筆者。

どもたちにやや戸惑う宮野森小の子どもたち、しかし、その目は輝いていました。笑顔で自己紹介もできました。

（まずは、ここまでは大丈夫……。）

そう思いながら、互いに好きなものを発表しあう子どもたちを私は見守っていました。よりリアルな空間を作り出した〝そのとき〟は、事前に送っていた日本のお菓子を画面越しに食べたときに起こりました。

宮野森小の子：「味はどうですか？」
アチェの子：「イチゴ味がおいしい。」
宮野森小の子：「私はメロン味を食べています。」
アチェの子：「じゃあ、僕も食べます。あっ、

アチェの子どもたちとのビデオ通話に目を輝かせる子どもたち。

メロンのにおいがする。」

といった対話が、まるでお互いが目の前にいて話すかのようにスムースに進んでいったのです。

ビデオ通話による国際交流で、アチェの友だちと話したということが自信につながり、その後の学校生活での自己肯定感が大いに高まった特別支援学級の子どもたちでした。

⑥５Ｗ１Ｈが自然な対話を手助けする

ビデオ通話を行なったあと、「うまくいったなぁ」と自画自賛（笑）した回もあれば、反省ばかりが残る回もありました。

どんな反省かというと、それは「発表する内容や質問する内容を繰り返し練習し、台本を読むだけ」のような発表や対話をしてしまったことです。アチェとの交流を始めた頃、陥りやすかった―今から考えると―〝失敗〟だったと思います。

ビデオ通話という生の対話にもかかわらず、交わした言葉は練習どおり、台本どおりのやり取り……。そこに見えてきたのは教師、子ども双方のまじめさでした。

宮戸小でビデオ通話による国際交流をしていた頃、小規模校ということもあり、私は教務主任と学級担任を兼務していました。また、そのときの国際交流は、全学年の子どもたちが一堂に集まって実施していました。

学級ごとに発表の準備や練習をするのですが、教師の「立派な発表をしなければならない」という気持ちが伝染するのか、子どもたちが台本を見ながら、大量の文字情報を一生懸命に話し、相手国の通訳者が困るという事態になったことも。

カメラや通訳する方をとおして、日本の事情を知らない外国の子どもたちに伝える、という他者への意識を教師は押さえて指導したいものです。

発表の仕方が改善されてきた頃に、新たな課題が浮かび上がってきました。それは、相手側の発表を聞いたあとの質問がなかなか出なかったり、感想が通りいっぺんだったりしたことです。そこで、どうしたら改善できるのかと考えました。

質問や感想が子どもたちから自然に発せられるようにするためには、どんな視点を子どもたちに理解させておけばよいのか。さらに2年ほど国際交流を重ねた結果、見つけた視点は、いつ（When）、どこで（Where）、誰が（Who）、何を（What）、なぜ（Why）、どうやって（How）という「５Ｗ１Ｈ」を感想や質問の視点にして考えることがヒントになると子どもたちに伝えることでした。すると、４〜６年生ぐらいの子どもたちから徐々に自然な質問や感想が出始めたのです。子どもたちの思考活動に広がりが出てきたと感じた瞬間でした。

⑦ひとりで答えることが難しいときはペアやグループ学習を活用

ビデオ通話機能を活用してリアルタイムに国際交流をするという中で、「子どもの考えを代弁してしまう」という〝失敗〟をしてしまったこともあります。

限られた交流時間であり、発表したい内容はいくつも準備しています。相手側の子どもたちも画面越しにこちらの反応を興味津々に見ています。進行役や通訳担当者は進行時間、発表内容といろいろ留意しなければならず、気が気でありません。

そのようなときに発言してほしい子どもが沈黙してしまうと、世話好きな先生ほど焦ってしまい、つい誘導するような言葉を投げかけてしまうのです。

進行・通訳：「○○という気持ちなのかな？」

子ども：「……はい。（または納得しないながらにも小さくうなずく）」
進行・通訳：「○○という気持ちでいます。」

子どもは考えているのです。せっかくの思考活動を奪わないようにしたいものです。しかし一方で、一人では判断できない、答えられないというケースもあるでしょう。そのようなときこそ、ペア学習、グループ学習を活かす、よい機会ではないかと考えます。

多くのペア学習やグループ学習の活用場面では、課題を「解決するため」の情報の収集・整理、そして解決した課題を「発表するため」「役割を分散するため」に取り入れることが多いようです。

課題に備えるため、解決するために知識を習得する、あるいは複数の知識を集合させるという考えは、「これから必要になってくるから備える」という、過去数百年にわたり、世界各国で行なわれてきた教育です。しかし、備えた知識だけでは、変化が激しい時代、予測が難しいこれからの時代を乗り越えることが難しいのは周知のとおりです。

新たな課題が生じた場合に、人間により必要な力は、行動を迫られたときの選択力や判断力です。知識の集合体としてＡＩの進化が目まぐるしく発展し、ＡＩが情報収集や整理を補助してくれる中、今後、私たち人間に必要な選択力や判断力を、現在の授業の中でもいっそう育みたいものと私は考えます。

ビデオ通話機能を活用したリアルタイムな国際交流は、その選択力や判断力を育成する場面が多数ちりばめられている授業です。子どもが高いモチベーションを維持しつつ、外国の子どもたちとコミュニケーションする中で、一人あるいは複数で、質問内容を選択したり、回答を判断したりする場面を意図的に設定できるこのビデオ通話による国際交流を、ぜひ多くの先生とともに実践し、よりよい教育を模索していきたいと私は思っています。

⑧「いい」「加減」なさじ加減ができると、うまくいく

前述から、まじめな先生や世話好きな先生ほど、一生懸命になるあまり、本来の学習のねらいを忘れてしまったり、子どもの発言を待てず、子どもから考える視点

を奪ってしまうこともあると考えられます。

ならば、いい加減な先生はどうでしょうか。不まじめで子どもの世話を嫌がる先生……ではなく、「いい」「加減」ができる先生のことです。


現在は、書籍、ＳＮＳ、動画配信などさまざまなメディアで職種ごとのマニュアルが数多く紹介されています。学校現場に対応したマニュアルも多数あり、多忙な私達をサポートしてくれます。学校現場の身近にある教科書の指導書や先生方が汗水流して作成した学習指導案は、先輩教師から脈々と受け継がれてきたマニュアルのよい例です。ねらい、教材観、児童観、指導観、指導計画、一単位時間の指導過程、準備物、評価の観点などが示されていて、作成した先生の教育観や人間観までも読み取ることができます。

しかし、学習指導案に代表されるマニュアルをそのまま目の前の子どもたちの指導に活用してもあまりうまくいかないことは容易に想像できると思います。

実際に指導しているとき、先生方は何を意識しているのでしょうか。

「自立解決でまずしっかり一人一人に考えさせて……。」

「次はペア学習で考えを伝えあい、その考えを学級全体で……。」……などでしょう。

目の前の子どもを指導していながら、教師の意識は、指導書や学習指導案の指導過程や教育手法ばかりに捕らわれているというような失敗を、私自身も数多く重ねてきました。

ビデオ通話機能を活用したリアルタイムな国際交流において、発表する内容は事前に計画し、準備していることがほとんどです。発表する日本側の子どもたちの姿に意識を集中しながら、さらに大型スクリーンの画面越しに見る外国の子どもたちの姿にも意識を向けなければなりません。

私たち人間が、太古の昔からつちかってきた、言葉を超えたコミュニケーション力や社会性を総動員して、目の前や画面越しの子どもたちの気持ちや考えに意識を集中し、必要な助言や指導法を的確に取り入れることができるような選択力と判断力を兼ね備えた「いい」「加減」ができる、そのような教師でありたいものです。

⑨具体的な取り組みとそこからみえたこと

ここまで宮戸小での被災状況から宮戸小や宮野森小でのビデオ通話による国際交流の意味や価値、交流の様子や留意点について述べてきました。

では、その授業を受けた子どもたちや保護者、一緒に授業をつくってきた教師はどのようにこの授業を受けとめていたのでしょうか。この項では、年度ごとに国際交流活動の一部を紹介し、それぞれの活動からみえてきたことについて述べていきます。

2012年度　ブータン交流事前ワークショップ

日時　2013年1月30日（水）9：30〜10：35

場所　宮戸小図書室

内容　外部講師として、地球対話ラボのみなさんやブータンで氷河などの調査・研究をしていた小森次郎さん（現・帝京平成大学准教授）や、文教大学大学院生だった中川真規子さんらをお招きし、ブータン国の位置や地形の様子、地理や生活・文化、ブータンが水力発電を電力の柱としていることなどをクイズ形式で学びました。

ブータンとの交流が始まり、子どもたちは興味深々。

【みえたもの】

子どもたちからは目を輝かせ「友だちになってみたい」という声が聞かれました。

世界一幸福な国と称されるブータン国の子どもたちとの出会いは、子どもたちが自ら宮戸の良さを見つめ直そうとするきっかけとなったようです。あらためて、学びにおける動機づけの大切さを感じる活動となりました。

２０１２年度　ブータン国ゲドウ小学校へ向けたビデオレターの作成

日時　２０１３年１月

内容　ブータン国ゲドウ小の児童とのビデオ通話をする前に、地球対話ラボからお借りしたタブレット端末を宮戸小の児童一人一人に２週間ほど貸し出し、自己紹介のビデオレターを作成してもらいました。ブータン国の小学校では、国語（ゾンカ語）以外の教科はすべて英語で授業をしているとのことで、宮戸小の子どもたちもがんばって、自己紹介を英語で行ないました。

【みえたもの】

多くの保護者は自分が子どもの頃には経験できなかった異国との交流活動やタブレット端末を活用した学習を、わが子ができることを大変喜んでいました。このことは、保護者の理解を得ながら、そして教育活動への協力を得ながら学びを展開できるという安心感につながりました。

２０１２年度　ビデオ通話を使ったブータンの子どもたちとの対話

日時　２０１３年２月13日（水）日本時間13：10～14：10（ブータン時間

10：10〜11：10）

内容　全校児童28名（震災前の児童数は48名という小規模校の宮戸小でしたが、震災後は転出児童が相次ぎ20名も減ってしまいました）が、宮戸小の図書室に集まり、ブータン・ゲドウ小の子どもたちとＳｋｙｐｅによるビデオ通話を行ないました。ゲドウ小は冬休み中だったため、海外青年協力隊ゲドウ小教諭の時田先生宅で実施しました。主な流れは次のとおりです。

①宮戸小児童によるけん玉披露、折り紙てっぽうの作り方を紹介

②ゲドウ小児童による歌と踊りの披露

③お互いの国の生活や文化についての質疑応答

海がないブータンのお友だちにプレゼントしようと、宮戸小の子どもたちが浜辺で拾い、メッセージを添えた貝殻。

【みえたもの】

子どもたちには自分から何かを知りたい、その気持ちを伝えたいという様子をみることができました。また、見慣れた遊びをとらえ直し、その楽しさを伝えるためにはどうすればよいかなど、伝える手順や方法を意欲的に考えていました。

ブータンとのビデオ通話は子どもたちの日常生活に光を与えていましたが、その一方で実は、子どもたちに新たな体調不良やＰＴＳＤの症状が出始めた頃でもあったのです。

当時は、瓦礫はなくなったものの、高台移転や子どもたちの転出、学校の閉校など、保護者や島民たちと検討しなければならない問題や動きが続き、生活環境の変化が激しい日々でした。家庭でも話題にのぼることがあったと思われ、子どもたちの心に不安定さを生み出すことにつながったのだと考えられました。

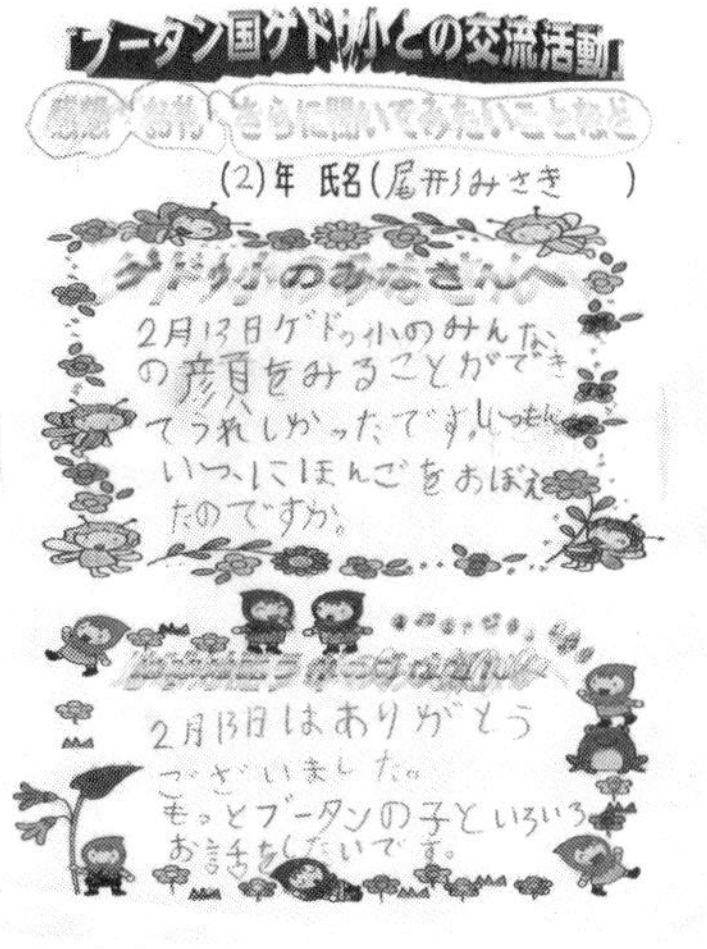

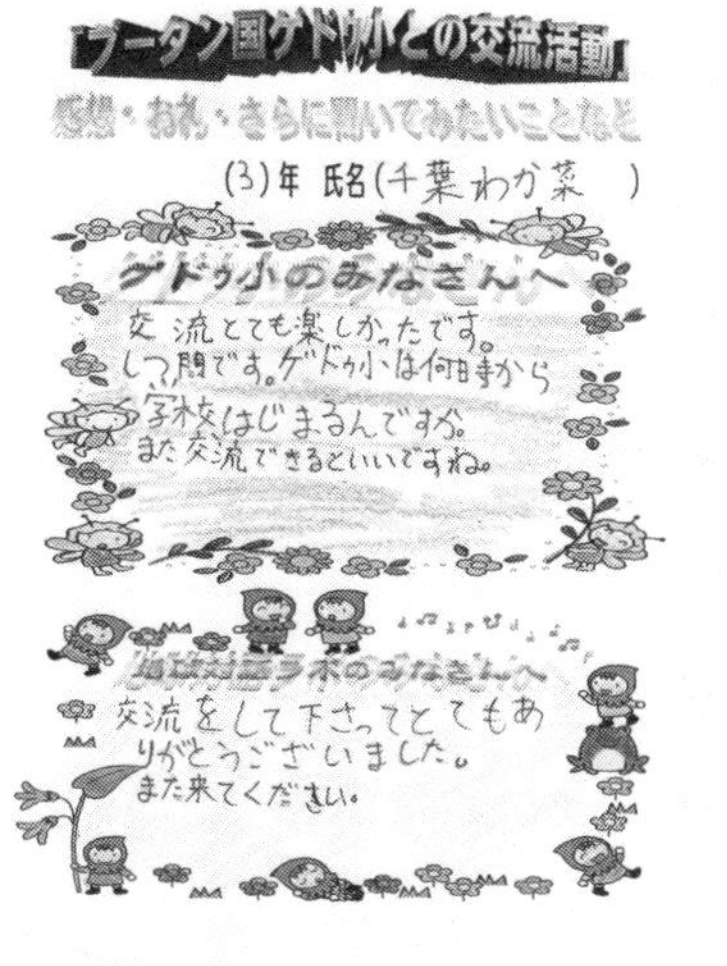

ブータンのゲドウ小学校とのビデオ通話交流のあと、子どもたちがまとめた感想。「うれしい」「楽しかった」など素直な言葉が並ぶ。

２０１３年度　アチェ交流事前ワークショップ

日時　２０１３年８月21日（水）

内容　２０１３年度から、２００４年スマトラ沖津波の被害を受けたインドネシア・アチェとの交流が始まりました。メディア関係の学科で学ぶ武蔵大学の学生が、ボランティアとしてアチェの位置や地形の様子、地理や生活・文化などを宮戸小の子どもたちにプレゼン。クイズ形式で児童に伝えていただきました。

【みえたもの】

子どもたちと年齢が近い大学生による楽しいプレゼンに、子どもたちは目を輝かせ、「アチェのことが知りたい。」と関心を高めました。

２０１３年度　ビデオ通話を使ったアチェ児童との対話①

日時　２０１３年９月17日（火）

内容　宮戸小図書室とアチェ側協力団体の事務所にそれぞれの子どもたちが集まって実施しました。主な内容は次のとおりです。

①宮戸小児童によるけん玉披露、折り紙てっぽうの作り方を紹介
②アチェ児童によるヒジャブの身に着け方、歌の披露
③お互いの国の生活や文化についての質疑応答

宮戸小の子どもたちは、ブータンの子どもたちとビデオ通話をしたときとほぼ同じ内容の紹介を行ないました。アチェ側からは宮戸小の子どもたちにとっては馴染みのないイスラム教徒の暮らしぶりがわかる内容でした。

【みえたもの】

ブータンとも違うアチェの文化などに驚き、自分から何かを知りたい、その気持ちを伝えたいという姿がみられました。

このQR コードを読み込んでいただくと、2013 年 9 月 17 日、アチェ児童とのビデオ通話の様子をご覧いただけます。

2013年度　ビデオ通話を使ったアチェ児童との対話②

日時　2013年12月2日（月）
内容　①9月の対話で出された質問を生かした宮戸の紹介
　　　②アチェ児童による日常生活の様子を動画で紹介
　　　③お互いの国の生活や文化についての質疑応答

【みえたもの】

9月のビデオ通話で高まった、自分から何かを知りたい、その気持ちを伝えたいという子どもたちの思いが、タブレット端末を活用した一人一人の写真や動画の記録の多さ、内容から伝わってきました。また、それらの写真と動画から、子どもたちは、ふるさと宮戸のよさは豊かな自然環境であるという思いを自覚したようにみえました。

一方、保護者には、同じ津波による被災地同士の交流に学びの意味を感じ取っていただけたようです。さらに親子で、瓦礫がなくなってきた浜辺やでふるさと宮戸島のよいところを見つめ直し、撮影できたことを喜ぶ声が寄せられました。

たとえば、「震災後、初めて、わが子を浜辺に連れて行きました。」「震災でめちゃくちゃになったけれど宮戸島はいいところです。」「我が子と宮戸島の撮影ができてよかったです。」などです。

それらはわが子の、ふるさとのよさを知りたい、伝えたいという思いに寄り添う姿であるとともに、津波という海の怖さを受け止めながらも、海は「恵みの海」であることを、わが子の気づきを通して再確認している心の表われとも感じました。

子どもたちや保護者の様子から、タブレット端末などのＩＣＴ機器を活用して撮影する活動が、身近な生活のとらえ直しや

子どもが母親と一緒に、タブレット端末で撮影した「アチェのお友だちに伝えたい宮戸の様子」。

価値観の再構成という学びにつながると実感しました。このことは、私自身のその後の図画工作活動の展開を工夫・改善するターニングポイントともなっていきました。

２０１４年度　アチェでの図画工作ワークショップ

２０１３年、宮戸小の子どもたちが写真撮影したそれらの内容を模造紙にまとめた「宮戸島のよいところ紹介」が、インドネシア・アチェ州のペガンバタ第一小学校に届けられ、双方の子どもたちによる質問のやりとりやインターネット回線を使ったビデオ通話による対話が交わされたことは、アチェのペガンバタ第一小学校の教師が日本の教育活動に高い関心を持つことへとつながっていきます。

そして、２０１４年夏、アチェの子どもたちを対象とした図画工作のワークショップや先生方を対象とした日本の授業実践の事例紹介を行なう運びとなったのです。ペガンバダ第一小学校で授業を、バンダ・アチェから離れたランビラ村の放課後児童施設では図画工作のワークショップを行ないました。

事前の教材研究で、日本で広く使われているホワイト粘土は使われたことがないとわかったので、粘土を材料とした工作を考えました。ホワイト粘土の伸びる特性や絵の具を混ぜることで色がつくこと、粘土同士の接着が容易であることを子どもたちに伝えたところ、アチェの子どもたちは初めて触るホワイト粘土の特性に歓声をあげながら作品づくりに取り組んでいました。

こんなに伸びる！　いろいろな形がつくれる！
楽しい表情、真剣な手つきで粘土工作に取り組むアチェの子どもたち。

津波によって打ちひしがれた宮戸の子どもたちの心を、ふるさと宮戸のよさを気づく心へと変えてくれたアチェの子どもたちや大人の方に何かできることはないかという思いをもっていた私にとって、これらのワークショップは、言葉を超えて交流しあえる図画工作がもつ力に感謝する機会ともなりました。

2014年度　アチェの大学生が来日

2014年、地球対話ラボが、子ども同士の交流を双方の国の大学生や若者が支え、相互訪問して学びあうプログラムを始めていました。8月、アチェの若者3人が来日し、夏休み中の学校で、アチェの生活や文化などの紹介をしてくれました。また、この交流では日本の大学生がアチェの大学生の活動をサポート。2つの国の大学生たちの躍動的な姿は、宮戸の子に力を与えることになりました。

なぜなら、アチェから来日した大学生たちは、2004年のスマトラ島沖地震による津波被害を受けたときに小中学生だったからです。

当時、小中学生だったアチェの子どもたちが、つらい経験を乗り越えながら成長し、東日本大震災の津波を体験した子どもたちを支えたいと思うようになって、来日したのです。お兄さんお姉さんの生き方を感じ取ってほしい。そして、アチェの大学生らとともに何かをせずにはいられないという日本のお兄さんお姉さんの姿を見てほしい。そのような願いをもって２０１４年、そして２０１５年のビデオ通話による国際交流を重ねました。

アチェのおにいさん、おねえさんたちとの交流。

【みえたもの】

「アチェや日本のお兄さんお姉さんたちのように、ぼくたち、私たちもがんばろう。」

そのように思う子どもたちの姿がありました。

ビデオ通話による国際交流などを重ねながら心の復興と成長を模索する日々

その一方で、「10年後の宮戸島」の壁画を制作していない子どもたちが宮戸小に入学してきて3年が過ぎていました。そのため、壁画づくりをしていない子どもたちにも、夢や希望に向かって歩んでもらいたいと思い、「10年後の私」という題材で将来の自分の姿を粘土でつくりました。作品に表現された子どもたちの姿には、サッカー選手や野球選手もありましたが、宮戸で幼稚園の先生になって子どもたちを見守っている姿や、お父さんの仕事を継いで宮戸で漁師になっている様子を表わした作品もありました。

「10年後の私」より～幼稚園の先生～

夢や希望をもって歩もうとする姿がある反面、震災時に入学していなかった低学年の子どもたちに水への恐怖、浜辺への恐怖を感じるＰＴＳＤの症状がじわじわと出ていました。どう解決していけばよいのか、スクールカウンセラーの先生の先生に相談する歳月となりました。

２０１５年、アチェとのビデオ通話による国際交流が３年めを迎えると、子どもたちがコミュニケーションを自ら行ない、あらたなアクションができてこそ表現する力が身についたといえるのだろう、その力をどうやって身につけさせたらいいよいのかと地球対話ラボのみなさんやアチェと日本の大学生、宮戸小の先生方と協働的に検討して実践を重ねました。

２０１５年８月にアチェの方が来日したときの交流では、アチェからきた大学生が、ミーアチェ（アチェ名物の焼きそば）やスピット（アチェの伝統的な焼き菓子）などアチェの食べ物、コーランなどの話をしてくれました。宮戸小の子どもたちはとても関心をもったようです。さらなる質問や考えを５ｗ１Ｈを視点にして発表する６年生が現われてきました。

さらに、12月に行なったビデオ通話による国際交流では、アチェ側でドリアンを食べる様子が映し出されると、日本にはない果物に子どもたちは興味津々。アチェへの関心がぐんと高まり、６年生以外の子どもたちも質問をしたり、考えを発言できるようになりました。

実はここにきて、有意義な気づきがありました。２０１１年から２０１５年までの宮戸小学校での取り組みからみえてきたことで、このような震災からの復興を目指した教育活動をしてきても、いや、してきたからこそ、子どもたちのＰＴＳＤの症状は出てきたのだろうということです。

人は長い人生の中で、誰しもつらい経験を乗り越えなければならない時期があると思います。子どもたちは、言葉ではうまく言い表わすことができずにいましたが、自分一人の力では乗り越えられそうにないつらさにぶち当たっていたのです。そのようなときに、受け止めてくれる家族や教師、多くの人がいるという安心感があったからこそ、自分が抱える心のつらさを外へとはき出すことができたのではないかと思うのです。

ビデオ通話による国際交流や関連する図画工作の授業での感想には「幸せ」や「感謝」の気持ちが記されていたことから、私はそのように感じました。さらに、子どもだけではなく、アチェや日本の大学生や地球対話ラボの皆さん、教員までもが未来へ「志」という思いで互いをつないでいくことになったと思います。

２０１５年度は、宮戸小学校が閉校する年度でした。通常の教育活動はもちろんのこと、閉校事業も地球対話ラボと大学生のみなさんに手伝っていただきました。もしも、そのようなサポートがなかったら教員数が少ない宮戸小職員は疲弊してつぶれてしまっていたことでしょう。震災という過去を見つめ直し、今できることに真正面から取り組む勇気と元気をいただくことで、未来につながる教育活動ができたのです。

２０１６年３月、明治６（１８７３）年に開校した宮戸小学校は、１４２年の歴史に幕を下ろしました。閉校式では悲しさの中にも未来に向けて歩もうとする子どもたち、保護者、島民のみなさんの姿がありました。

宮戸小学校閉校式

ビデオ通話による国際交流から生まれた授業

２０１６年４月、宮戸小学校と野蒜《のびる》小学校が統合して宮野森小学校が新設されました。野蒜小学校は東松島市の野蒜海岸のすぐ近くにあり、ほぼ平地だった野蒜小学校区では、津波で亡くなった子どもや保護者もいました。新設された宮野森小学校は、宮戸島から本土に入ってすぐの野蒜地区北側の山を造成し、あらたな地域として誕生した野蒜ケ丘のほぼ中央に建っています。

校舎と体育館はすべて木造。学校から近くに整備された復興の森ともあわせ、自然の豊かさを感じられる、あたたかみのある環境です。津波被害の大きかった地域に近いことか

宮野森小は仮校舎でのスタートでしたが、その後、新校舎が完成し、2017 年 1 月から使用しています。

ら、宮野森小学校では、あらたな高台での地域コミュニティにもとづいた教育活動、家族や友だちを失った子どもたちの心のケアに配慮した教育活動を模索することになりました。

宮戸小で取り組んできた国際交流活動を、宮野森小でも続けていくことになり、ビデオ通話による国際交流としては次のような授業を行ないました。

①外国語活動「〈君の名は〉ではじまる異文化体験」
②５年総合・社会・理科「目が点！　こんなに違う〈日本とアチェの米作り〉」
③６年総合「私はアチェ（東松島）の親善大使〈ふるさとの良さをＰＲしま～す〉」
④４年図画工作「色が違うね、形が違うね、でもいいね！
〈絵で伝わる互いの生活〉」
⑤特別支援学級「インドネシア・アチェのお友だちとテレビ電話でお話しよう」
↓「インドネシア・アチェのお友だちとテレビ電話でお話しよう」は、「学びにリアリティをもたせる工夫」（Ｐ83）で概要を記載しましたが、次ページより、【学習指導案】の主な部分を紹介します。

わかば1組（知的障害学級）自立活動学習指導案

日時　２０１６年10月31日（月）３校時
場所　わかば１組教室
授業者　教諭　宮﨑敏明

◎題材名

インドネシア・アチェのお友だちとビデオ通話でお話ししよう
（話すとき、聞くときのだいじなことをもとにお話ししよう）

◎題材について

本学級は、男子１名（５年）、女子１名（４年）計２名の知的障害学級である。本学級児童２名が情緒障害学級在籍の児童とかかわりあう姿もよくみられる。また、毎朝行なっている職員室の教員等に対するあいさつなどの会話については、２人とも、とても明るく元気に行なうことができる。しかし、協力学級での児童とのかかわりあいに目を向けると、基本的なあいさつはできるが自分から進んで話しかけたり、相手の話をもとにして感じたことを話したりするといったコミュニケーションは難しい状況にある。

２名の児童のこうした学習能力の実態をふまえ、生活面でのルーティン化したあいさつのよさを生かしつつ、課題となっているコミュニケーション能力を育むために、児童の興味・関心を生かして意思伝達の方法を考えたり、日常生活での具体的場面を想起させたりして、児童が自分の意思や感情を表現する力を育てる指導を工夫したいと考える。

本題材は『特別支援学校学習指導要領』第7章自立活動の内容「6 コミュニケーション」の項目(2)「言語の受容と表出に関すること」と(5)「状況に応じたコミュニケーションに関すること」の項を受けて設定した。また、この内容は「2 心理的な安定」や「3 人間関係の形成」「4 環境の把握」の区分に示されている項目と密接な関連があり、それらを相互に関連づけて指導の展開を構成したいと考える。

児童の実態で述べたとおり、対人関係では、コミュニケーションの基礎的能力であるあいさつはとてもよく身についているが、協力学級に行っても自分からは同級生に積極的に話しかけることができないことが多い現状にある。

言葉や気持ちのやりとりを通して、児童は人との関わり方を学び、社会性を伸ばしていくことができると考える。コミュニケーション能力は、社会生活を営む上で必要不可欠な能力であり、児童の自立へ向けて発達段階に応じて身につけておかなければならないと考え、本題材を設定した。
以上の実態や題材観をふまえ、本題材では以下の点に留意して指導したいと考える。

（1）パソコンへの興味をコミュニケーションへの意欲喚起へとつなげる工夫

知的障害に基づく困難を児童自らが改善、克服するためには、何よりもコミュニケーションへの意欲を喚起することが大切と考える。そこで、統合前の宮戸小学校で行なってきたインドネシア・アチェの子どもたちとの交流を活かしていく。

２０１６年度も夏にアチェの大学生等が宮野森小に来校し、６年生児童と交流を行なった。本学級の児童２人は、６年生の交流の話を聞いてもあまり関心は示さなかったが、興味をもって取り組んでいるパソコンを活用したビデオ通話でアチェの小学生と話をすることに関心があるか聞いてみたところ、目を輝かせ、英語で話さなければいけないのかと担任に聞いたり、その場で教えた簡単なインドネシア語を楽しく話したりといった様子がみられた。このように、普段興味を抱いていることや、コミュニケーションへの意欲を生かして、自分の考えを相手によりよく伝える工夫を学習させたいと考える。

（2）他教科等と関連させて自分の考えをよりよく伝える工夫

喚起したコミュニケーションへの意欲を活かし、自分の考えを相手によりよく伝えるために次のような指導を考えた。

まずは、「自立活動」のときに、喚起した意欲をもとに、ビデオレターによる日本や本校の紹介を、「コミュニケーション」を主とした指導として系統的・発展的に行なっていく。次に、国語や生活単元と関連させた、文章による日本や宮野森小の紹介文の作成を通して、複合的に指導を重ねていき、ソーシャルスキルに含まれるコミュニケーション能力を育んでいきたい。

（3）対話を想定して状況に応じたコミュニケーションができるようにする工夫

ビデオレターの撮影や文章表現による日本や宮野森小の紹介文作成により、各児童はインドネシアの友だちに伝えたいことが明確になってくると思われる。そこで、ビデオ通話での交流当日を想定し、伝えたことによって、どのような質問や感想が返ってくるか事前に予想し、受け答えを練習させる。これが本学級の児童にとってはとても大切な活動と考える。

状況に応じてコミュニケーションができるようにするため、はじめは意識して行ない、ビデオ通話での交流、ひいては本学習をきっかけにして、習得したコミュニケーションスキルが、日常生活で意識しないで使えるように他教科・領域等の学習と関連を図って指導を進めていく。さらに、自立活動の様子を学級通信や連絡帳で家庭に知らせ、家庭との連携を図りながら指導を進めていきたい。

◎題材の目標

（1）総括目標

日本や宮野森小の様子を、話し言葉や文字などでよりよく伝えるとともに、状況や場面に応じたコミュニケーションをとることができる。

（2）観点別目標

【関心・意欲・態度】

日本や宮野森小の様子に関心をもち、意欲的に話し言葉や文章で伝えようとしている。

【技能・表現】

アチェの子どもたちに伝えたい日本や宮野森小の様子をわかりやすく伝える工夫をする。アチェの子どもたちとの活動を通して、状況や場面に応じたコミュニケーションができる。

【気づき】

アチェの子どもたちとの話し言葉や文章表現によるコミュニケーションを通して、自分たちの生活・文化・慣習の相違点に気づくことができる。

◎題材の指導計画（８時間扱い　本時７／８）

＊次ページに計画表

◎本時の指導

（１）この授業の目標

アチェの子どもたちとのビデオ通話による対話を通して、状況や場面に応じたコミュニケーションをする。

題材の指導計画

	時数	目標（＊）と主な学習活動（・）	主な評価基準
1次 〈つかむ〉	1	＊インドネシアやアチェの生活や文化などの様子を学ぶ。 ・プレゼンを見ながら、インドネシアやアチェの様子を知る。	関 ＜A男＞ インドネシアやアチェに関心を持ち具体的な気づきを話すことができる。 ＜B子＞ インドネシアやアチェに関心を持つことができる。
2次 〈さぐる①〉	2	＊アチェの友だちに伝えたい日本や宮野森小の様子を考えて、文章でのよりよい伝え方を学ぶ。 ・色紙に月ごとの伝えたい内容を考えて文章で表現する。	技 ＜A男＞ 月ごとの日本の主な行事を想起して、文章で書くことができる。 ＜B子＞ 宮野森小での主な行事を想起して文章で書くことができる。
3次 〈さぐる②〉	1	＊宮野森小の様子で伝えたいことを考え、話し言葉でのよりよい伝え方を学ぶ。 ・宮野森小の様子で伝えたい内容を考え、話し言葉でビデオに記録する。	技 ＜A男＞ 伝えたい宮野森小の様子を想起し、簡潔な話し言葉で話すことができる。 ＜B子＞ 伝えたい宮野森小の様子を想起して、話し言葉で話すことができる。
4次 〈深める〉	2	＊伝える内容から予想される質問を考え、さらにその受け答えも考える。 ・色紙やビデオレターで伝える内容をもとに、アチェの友達からの質問を考え、その受け答えも考えて練習する。	技 ＜A男＞ 予想される質問を考え、どのように答えるとよいか考え、受け答えの練習を重ねることができる。 ＜B子＞ 予想される質問に対し、どのように答えるとよいか考え、受け答えの練習を重ねることができる。
5次 〈活かす①〉 ※本時	1	＊アチェの子どもたちとの対話で、状況や場面に応じたコミュニケーションを行う。 ・テレビ電話でアチェの友だちとの対話を通して、状況や場面に応じた受け答えをする。	技 ＜A男＞ 実際の質問に対して、どのように答えるとよいか考えて、状況や場面に応じた受け答えができる。 ＜B子＞ 実際の質問に対して、状況に応じた受け答えができる。
6次 〈活かす②〉	1	＊アチェの子どもたちとの対話を振り返り、自分たちの生活・文化・慣習の相違点に気付く。 ・テレビ電話での対話を振り返り、気づいたり相違点を話したり、書いたりする。	気 ＜A男＞ 自分たちとアチェの暮らしの違いや同じところを話し、文章で書くことができる。 ＜B子＞ アチェの様子を知り、印象に残ったことを話し、文章で書くことができる。

（２）指導の工夫

①パソコンへの興味をコミュニケーションへの意欲喚起へとつなげる工夫

前述した通り、知的学級の児童は普段からパソコンを活用したドリル学習に興味を示しており、今回のビデオ通話によるアチェの小学生との対話でも積極的だった。児童が外国に住む人とのコミュニケーションに意欲を示した要因としては、２０１６年度はリオオリンピックが開催された年であり、児童がたくさんの報道を目にし、２０２０年の東京オリンピック開催の報道が数多くされたりしたことも、一因と考えられる。

加えて、児童の興味や意欲を活かす教育環境の一つとして活用するビデオ通話は、広く使われている無料通話アプリ「Ｓｋｙｐｅ」を使用。対話を行なうアチェ側の小学生数名の選出や回線のハード面、人的サポート面では、地球対話ラボのサポートを得て、本授業の学習を実施できる運びとなった。

コミュニケーション能力の育成は、第２期教育振興基本計画「教育行政の４つの基本的方向性」にある「未来への飛躍を実現する人材の養成」の項目にも取り上げられており、多様な体験や切磋琢磨の機会の増大、優れた能力と多様な個性を伸ばす環境の醸成が示されている。このような環境の醸成は、インクルーシブ教育の視点から合理的配慮を行ない、障害のある児童にも十分にこのような教育活動が行なわれなければならないと考え、児童の本題材でのコミュニケーションへの意欲を絶好の教育機会として題材を構成していきたい。

②他教科等と関連させて自分の考えをよりよく伝える工夫

前述した通り、喚起したコミュニケーションへの意欲をもとにビデオレターや色紙による日本や本校の紹介文を作成する。作成したビデオレターや色紙は事前にアチェ側に送っており、アチェ側でサポートしてくださる地球対話ラボを通して、アチェの子どもたちが事前に知ることができ、質問を考えておくことができる。このことは、本学級の子どもたちの話し言葉や文字によるコミュニケーション力の向上につながるとともに、45分という本授業の限られた時間の中で効率的に対話を進める効果もあり、教科等の学びを他の生活場面につなげる学びの連続性とみることもできると考える。

③対話を想定して状況に応じたコミュニケーションをできるようにする工夫

ビデオ通話による交流を想定して、どのような質問や感想が返ってくるか予想し、受け答えを練習することは、ワーキングメモリーが十分に発達していない知的障害を抱える本学級の児童にとってとても大切な活動になると考える。繰り返し練習してきた受け答えは、本授業の対話で状況に応じたコミュニケーションができる、またはコミュニケーションをしようする意欲を育むことにつながると考える。

（３）準備物

教師：児童が作成した伝えたいこと（色紙、動画）を思い出せる掲示物、児童の質問・回答の補助掲示物、パソコン、拡大提示用モニター、マイク、カメラ、予備用インターネット回線、「よくできたね」シール

児童：筆記用具、伝えたい日本の物（お菓子の箱、アニメキャラのカード、他）

（４）学習過程（＊次ページから表）

（５）個別の評価（割愛）

学習過程表

<table>
<tr><th rowspan="2">段階</th><th rowspan="2">主な学習活動と
＊予想される児童の反応</th><th colspan="2">★指導上の留意点と評価
☆個別の支援が必要な児童への手立て</th></tr>
<tr><th>A男への支援</th><th>B子への支援</th></tr>
<tr><td rowspan="5">導入

10分</td><td>1　学習課題を捉え、学習への意欲をもつ。</td><td>★前時までに作った色紙や動画の内容を見せ、自分が伝えたいことは何だったのか想起する。</td><td></td></tr>
<tr><td colspan="3">アチェのお友達たちとテレビ電話でお話ししよう
（話すとき、聞くときのだいじなことをもとにお話ししよう）</td></tr>
<tr><td rowspan="3">＊早く話をしたいな。
＊どんなふうに話そうかな。
＊うまく話せるかな。</td><td colspan="2">★本時の活動を理解させ、やってみたいという期待感をもたせる。</td></tr>
<tr><td></td><td>☆　B子には、本人のこれまでの職員室での挨拶のよさを十分にほめたり、A男の話し方をまねて大丈夫等の助言を行ったりして「やってみたい。話してみたい。」という意欲を高める。</td></tr>
<tr><td colspan="2">★話をするとき、聞くときのスキル（笑顔，はっきりとした口調、うなずき、共感スキル、内容の事前表明、疑問点の表明、感謝の表明等といったコミュニケーションスキル）を確認し、それぞれの児童の本時のねらいへの気づきを促す。</td></tr>
</table>

話すときのソーシャルスキル

①笑顔で話す（表情の大切さ）

②はっきり話す（はっきりとした口調）

③事前に意見なのか質問なのか等を話す（内容の事前表明）

・「好きな○○を話します。」

・「質問をします。」

・「感想を言います。」など

④話した後の確認や感謝（内容の理解や感謝の気持ちの言動）

・「わかりました。」

・「ありがとうございました。」等

聞くときのソーシャルスキル

①うなずいて聞く（共感スキル）

②友だちの顔を見て聞く（共感スキル）

③わからないことは聞く（問題解決スキル）

・「よくわからなかったので、もう一度話してくださいますか。」

・「○○のことですか。」など

<table>
<tr>
<td>展開

25分</td>
<td>２　テレビ電話でアチェの児童と対話をする。
（１）互いに自己紹介をする。
<本児童>
・ナマサヤ　Ａ男。
・ナマサヤ　Ｂ子。
<アチェ児童>
・私の名前は○○です。
・私の名前は□□です。</td>
<td>☆　Ａ男が先に話をする流れを基本とするが、インドネシア語での挨拶の仕方を忘れてしまったり、緊張から言い出せなかったりする場合も想定される。そこで「児童の質問・回答の補助掲示物」を担任が提示できるようにしておき、とっさの場合に見ながら話せるようにしておく。
技
＜Ａ男＞
アチェの友だちに対して挨拶と自分の名前をはっきりと話すことができたか。
（発言）</td>
<td>☆　Ａ男の様子をよく見て、まねをしながら挨拶してよいことを伝え、安心して活動に入ることができるようにする。
技
＜Ｂ子＞
Ａ男の挨拶の仕方を学び、挨拶と自分の名前を話すことができたか。（発言）</td>
</tr>
<tr>
<td></td>
<td>（２）Ａ男がアチェ児童への質問をする。
<Ａ男>例
・ナマサヤ　Ａ男。
・ぼくの好きなお菓子のことを話します。ぼくは「コアラのマーチ」というお菓子が好きです。
・次に質問をします。○○さんはどんなお菓子が好きですか。
<アチェ児童>
・私は、△△というお菓子が好きです。
<Ａ男>
・○○さんに質問します。△△というというお菓子はどんな味ですか。
<アチェ児童>
・△△は、とても甘い味です。
<Ａ男>
・○○さん、ありがとうございました。</td>
<td colspan="2">★アチェ側のＮＰＯに日本語が話せる協力者がいるので、本校からの質問内容は事前に伝えておく。しかし、アチェの児童に全ての内容が伝わると、生の対話のおもしろさが少なくなるので調整しながら木番の対話に望む。

★児童が安心して受け答えができるように「児童の質問・回答の補助掲示物」を担任が提示できるようにしておく。そのために事前にアチェの児童から質問されそうな内容を予想しておき、受け答えを練習しておく。この方法は、障害のない児童にとっては、生の対話のおもしろさを少なくしてしまうことが多いが、ソーシャルスキルに課題がある本学級の児童にとっては合理的配慮の一つであると考える。

★質問の回答からさらなる質問が出ることを期待するが、本学級の児童にとっては、受け答えがかなり難しくなることが予想される。しかし、助言しながらでも状況に応じて受け答えができるようにさせたい。</td>
</tr>
</table>

		技 ＜Ａ男＞ 自分が特に伝えたいことを、アチェの友だちに対してわかるように伝えていたか。 （発言）	
	（３）Ｂ子がアチェ児童への質問をする。 ＜本児童＞例 ・ナマサヤ　Ｂ子。 ・私は好きな遊びを話します。私は「プリパラ」というカードゲームが好きです。 ・次に質問をします。○○さんはどんな遊びが好きですか。 ＜アチェ児童＞ ・私は△△遊びが好きです。 ＜Ｂ子＞ ・○○さんに質問します。△△はどんな遊びですか。 ＜アチェ児童＞ ・△△は◇◇という遊びです。 ＜Ｂ子＞ ・○○さん、ありがとうございました。		技 ＜Ｂ子＞ 自分が特に伝えたいことをはっきりと伝えることができたか。（発言）
	（４）アチェ児童がＡ男へ質問をする。 ＜アチェ児童＞例 ・私の名前は○○です。 ・Ａ男さんに質問をします。色紙に書いてあったおもちとは、どんな食べ物ですか。 ＜Ａ男＞ ・「おもち」とは、もち米をごはんのようにして、さらにネバネバにして、甘いあんこなどをかけて食べるものです。ぼくは△△という「おもち」が好きです。 ＜Ａ男＞ ・△△は、とても甘い味です。 ＜アチェ児童＞ ・Ａ男さん、ありがとうございました。	技 ＜Ａ男＞ 実際の質問に対して、どのように答えるとよいかを考えて、状況や場面に応じた受け答えができる。 （発言） ★受け答えに少しでもよさが表れていれば、それを認め賞賛の言葉をかけて、コミュニケーションへの意欲を高め、ソーシャルスキル向上へとつなげたい。	
	（５）アチェ児童がＢ子へ質問をする。 ＜アチェ児童＞例 ・私の名前は○○です。 ・Ｂ子さんに質問をします。ビデオに学芸会の様子が映っていました。学芸会では、どんなことをするのですか。		

	＜B子＞ ・「学芸会」では、年下の学年，年上の学年などに分かれて、劇をしたり、太鼓をたたいたりします。私は△△という役で「鬼が来たあ」と叫ぶせりふを大きな声で言いました。 ＜アチェ児童＞ ・B子さんに質問します。「鬼」というのは何ですか。 ＜B子＞ ・頭に角がある赤色や青色の身体をした、人間に悪いことをする生き物です。 ＜アチェ児童＞ ・○○さん、ありがとうございました。		技 ＜B子＞ 実際の質問に対して、状況に応じた受け答えができる。 （発言）
まとめ 10分	3　本時の活動を振り返り，相互評価や自己評価をする。 ・今日は短い時間でしたが，お互いの国の様子が分かりました。分かったことや感じたことを話してください。 ＜A男＞ ・アチェのお菓子を教えてもらって食べたいと思いました。 ・アチェのお友だちとお話ができて嬉しかったです。 ＜アチェ児童＞ ・宮野森小学校の行事の様子がわかって、アチェと違うところがおもしろかったです。 ・また、お話をしてみたいです。 4　テレビ電話の対話を終了する。	★児童の気づきについての発表は大いに賞賛する。 ★アチェの児童と本児童のお互いの振り返りを通して、本時の対話への達成感を感じ取らせたい。	☆　本学級の児童の活動中の様子を基に，発表する児童を指名するが，できれば本時の学習での学びを生かしB子から感想を述べさせたい。

〈資料〉

ＩＣＴを活用した教育活動を特別支援学級の自立活動で行なう意義について

２０１４年度、東松島市教師塾という教員対象の研修会で、岩手大学教育学部藤井知弘氏による講話があった。その補助資料に、佐藤学氏の学力論が以下のような５観点で示されていた。

（１）学力向上のためには「学力向上」を追求しないことが重要である。

〈質の高い学びの経験〉の実現を目的とする。その結果、学力が向上する。

（２）学力向上を達成し、低学力問題を解決するには、教育のレベルをあげて共同的学びを追求する必要がある。

＝教育内容のレベルを上げると下位層が減り、下げると下位層が増える。

＝教師の「常識」とは逆である。

（３）学力向上を達成した学校は、先に〈発展的学力〉が伸び、次に〈基礎的学力〉が向上している。逆ではない。

（４）学力向上には時間がかかる。しかも学力は徐々には向上しない。一気に向上する。

（５）学力の向上において「二段ロケット」を飛ばすことが重要である。一段目〈下位層の学力〉が飛んでも、二段目〈上位層の学力〉が飛ばないと、再び転落する。

そのうちの一つ「（２）学力向上を達成し，低学力問題を解決するためには、教育内容のレベルを上げて共同的学びを追究する必要がある」という学力論の補足「教育内容のレベルを上げると下位層が減り、下げると下位層が増える。教師の常識とは逆である」という考えをふまえる。

そして本題材において、一見すると知的障害学級の児童の実態からは、かけ離れているのではないかとも思えるＩＣＴ活用の方法は、児童の学力向上、ひいてはインクルーシブ教育の一つのあり方として成立するのではないかと思い、本実践をもとによりよい教育活動を模索していきたい。

本実践に至る打ち合わせや確認などの主な活動（２０１６年度）

５月　特別支援学級との実践について、地球対話ラボやアチェ側と具体的な検討
７月　実践に向けた主な日程を確認
９月　実践に向けた色紙や動画の作成と送付

10月中旬　インターネット回線の確認と動作テスト
10月下旬　実践に向けた双方のメンバーや役割分担の最終確認
10月31日　ビデオ通話による実践

ビデオ通話交流における対話を充実させるためのコミュニケーションスキルについて

特別支援学級の児童が対象ということもあり、コミュニケーションスキルの向上に向けて、初歩段階の指導を考えた。しかし、統合前の宮戸小で行なってきたビデオ通話交流でみえてきた課題として、伝えたいことや聞いたことの簡単な感想は述べることができるが、聞いたことを深めたり広げたりする質問はなかなかできない現状があった。

この課題を解決するために5Ｗ1Ｈの視点を活かしたところ、２０１５年度の対話では内容の広まりや深まりが出てきた。そこで、本授業の対話でA男がアチェの児童の話に対してどのように質問したらよいか考える場合の助言として活用したり、今後の本校でのアチェとの対話交流にも活用したりできればと思っている。

５Ｗ１Ｈの視点は、「When いつ、Where どこで、Who だれが、What 何を、Why なぜ、How どのように」という６つの要素をまとめた情報伝達のポイントであるが、これを相手の話を聞いて質問する場合の視点として、「それは、いつからしているのですか」「それは、どこでしているのですか」などと活かしていくことで、児童が自ら対話を広めたり深めたりできるようにしていきたい。

対話を広げたり深めたりするということは、対話によって思考を広げたり深めたりすることにつながると思われるので、大切にしたい教師の支援と考える。

第3章
教育現場でのＩＣＴ（情報通信技術）活用術

「あってよかった」教師が重宝。ＳＮＳとクラウド（事前準備）

ＳＮＳにはいくつかの種類があり、そのメリットやデメリットが数多く紹介されています。日常生活の一部となっていたり、逆に、徐々に使う機会がなくなっていったりと、人それぞれに違いますが、さまざまな立場の方と一緒に国際交流を推進する際にはとても役立ちます。

私は、地球対話ラボの理事である渡辺裕一さんとの出会いから、個人ＳＮＳとして有名なｆａｃｅｂｏｏｋや、ビジネス向けＳＮＳのＷｏｒｋｐｌａｃｅを活用していますが、主に次のようなメリットがあると思います。

①国を超えて関係者とつながりやすい。
②関係者と情報が共有しやすい。
③ほぼ無料で利用できる。
④データが手軽に送信でき、受信者側にわかりやすい表示がされる。

動画などのデータはサイズが大きくＳＮＳで送信できない場合もありますが、その際には無料のクラウドに預けてデータのやり取りを行なってきました。

ビデオ通話による国際交流の事前準備の壁は高くはないのです。地方に住む普通の教員の私でも〝いつでも、どこでも、誰とでも〟協働で仕事ができるような時代になっていることに感謝です。

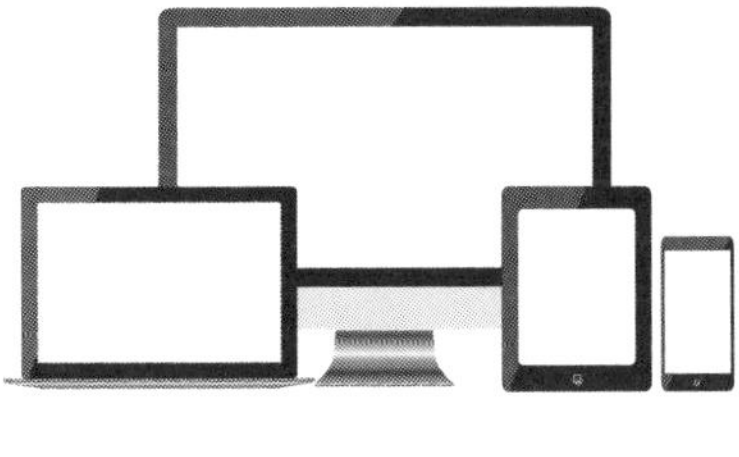

「あってよかった」児童が重宝。タブレット端末（映像記録）

文部科学省は、一人1台の情報端末、電子黒板、無線ＬＡＮ等が整備された環境の下で、子どもたちが主体的に学習する「新しい学び」を創造するための実証研究を実施し、「学びのイノベーション事業実証研究報告書」（２０１４年）にまとめました。そこには、ＩＣＴ機器が、時間的・空間的制約を超えたり、双方向性を生み出したりすることが特徴であると挙げられ、このようなＩＣＴ機器の特徴を効果的に活用することで次のような学びを推進することが可能になると示しています。

①子どもたちがわかりやすい授業を実現
②一人一人の能力や特性に応じた学び（個別学習）を実現
③子どもたち同士が教え合い学び合う協働的な学び（協働学習）を実現

宮戸小の国際交流では、地球対話ラボより、タブレット端末としてｉＰｏｄタッチを一人1台お借りして、文部科学省が示す環境の一部を実現しました。ふるさと宮戸島の写真記録や動画記録に意欲的に取り組んだその姿は、まさに一人一人の能力や特性に応じた学びを保証し、その後のビデオ通話による国際交流で、ブータンやアチェという時間的・空間的制約を超えて協働的な学びを実現することができたのです。

「１人１台のタブレット端末なんて、うちの学校にはない……。」

そんな嘆きの声が聞こえてきそうですが、あきらめる必要はありません。地域学習やＩＣＴ教育、国際理解教育などのテーマで、財団や企業の各種助成プログラムがあります。ＮＰＯや教育機関がサポートしてくれる場合もあります。

私は、震災によって何もなくなってしまった被災校にいて、さまざまな支援団体の方との出会いがあり、ともに試行錯誤しながら実現することができました。

日本の教師は、授業や学級運営のほかにも、取り組むべき数々の学校課題に追われ、疲弊しているという現状があります。しかし、目の前の子どもたち、変化が激しい予測不可能な社会をよりよく生き抜くことができる子どもたちを育てたいと思っている多くの方がすぐ隣で待っているのです。

心が折れそうなときもあるでしょう。だからこそ、あなたの心の奥底にある教育への熱いモチベーションを、志を同じくする人々と奮い立たせましょう。人は一人では弱いものです（私自身がそうです）。明日すぐには実現できないかもしれません。しかし、持ち続けたモチベーションと日々の教育実践により、きっといつか、目の前の子どもたちが目を輝かせる教育を展開できる日がくると信じて、教師を続けたいものです。

いつのまにか妄想が現実化するＩＣＴ機器

２０１７年の学校備品のカタログに上下左右全方位撮影ができる３６０度カメラが掲載されていました。３６０度カメラやＶＲゴーグルなどは、メディアを賑わせているＩＣＴ機器の一つですが、現段階の学校現場では、まだ、その活用方法は模索中という段階だと思います。

学校現場ではＩＣＴ機器をどう使えばよいかわからないという声、あるいは活用したが現状のＩＣＴ機器が教師の想像する授業に使える段階まで機器の台数も機器の発達も達していないなどといった声も耳にします。

しかし、ＩＣＴ機器をはじめ、私たちの身のまわりにある道具は、使うからこそ改良が加えられ、改良が加えられた道具は使いやすくなって多くの人が活用するようになります。学校備品カタログに３６０度カメラが掲載されていることからも、私たち教師が自由な発想を活かすことができる環境はこれまでも、そしてこれからも、年々進展していくでしょう。

一つの事例として、２０１４年、アメリカに開校したミネルバ大学では、全授業が録画されて見直しができたり、セミナー形式を中心とした授業をオンラインで行ない、授業中にどの学生がどれだけ発言してるか画面上に色分けするなどして表示し、その様子をルーブリックで評価しているそうです。このような授業を成立させるためには、多くのＩＣＴ機器が整備されていることが必須条件です。（※〈未来を先取る新たな大学の形 ミネルバ大学〉文・山本秀樹／電子ブック『リクルートカレッジマネジメント』２１１号・ＪＵＬ―ＡＵＧ ２０１８ Ｐ30～33）

ルーブリックとは、生徒の学習到達状況を評価するための評価基準のことで、いくつかの項目から成っています。現在、日本の小・中学校の教師の多くが、生徒一人一人に応じた見取りを行ない、ルーブリックで客観的に評価するといったことを行なっています。しかし、広範な学校課題に対峙し、それらの評価を十分に活かしきれない現状も目にしますし、私自身も膨大な評価データを効果的に整理し、活用できないかと悩む日々です。

にもかかわらず、すでにＩＣＴ機器を活用し、膨大な授業記録や評価を一人一人の実態に応じてカスタマイズしようとする教育の変革は、加速度的に展開されています。職員室や研修会で話されるような理想的で、ともすると、非現実的に思える特別な教育環境は、実はそこまできているのです。

ぜひ、私たち人間が、他の動物よりも長けている情報処理能力の一つ「創造性」を活かして、子どもたちにとって実り多い教育をつくっていきたいものです。私たち教員が数多くの学校課題に悪戦苦闘している間にも、変化は時に激しく、時に静かに、そして急速に起こっています。悲観したり、恐れたりせず、むしろ希望をもって教育を語り、そして互いに実践していきましょう。

内閣府は２０１４年度に、日本を含めた7カ国の満13～29歳の若者を対象とした意識調査の結果から、日本の若者が他国と比べて、自己を肯定的にとらえている者の割合が低く、うまくいくかわからないことに対し意欲的に取り組むという意識が低く、つまらない、やる気が出ないと感じていると見解しています。（注：内閣府政策統括官（共生社会政策担当）我が国と諸外国の若者の意識に関する調査２０１４年度　http://www8.cao.go.jp/youth/kenkyu/thinking/h25/pdf_index.html）

このような時代だからこそ、まずは私たち教師自らが夢や希望をもって、目の前の子どもたちと向き合いたいものだと思っています。そうした思いは子どもたちに伝わるはずです。そんなことは理想にすぎないと思うかもしれませんが、私は震災後の取り組みから、そう思わずにはいられないのです。そのような教師が今の日本には必要なのです。

では、私なりのＩＣＴ機器を活用した図画工作の実践を次の第４章で紹介します。

第4章
未来を見つめて歩み出すための教育活動　その2

被災経験を見つめなおし、未来をつくるＩＣＴ機器を活用した図画工作

① 図画工作に未来をつくりだす力があるのか

　私は学生時代に、恩師である佐々木健夫先生から「美術による人間形成」という言葉を教わり、その言葉に魅了されました。そして、造形能力の発達やポートフォリオによる質的な学習や評価について学びました。このことを教えてくださった仲瀬律久先生にはアメリカに連れていっていただき、当時の美術教育の現状を目の当たりにしました。その経験が、今回のような国際交流への関心につながったものと考えています。

　また、体性感覚（皮ふなどでの感覚）をもとにした共通感覚が人間にとっていかに大切かを大橋皓也先生から学びました。小学校の教育現場で、子どもたちとの関わりを重ねてきた中で、図画工作は教育の軸になり、広い意味での「学力」を高めることができる可能性を秘めていると確信するようになって、教育に携わっていま

す。それらをまとめて、私はつぎのような言葉で子どもたちや同僚の先生方に伝えています。

・図画工作は、問題の解決方法が多くあることを教えてくれる。
・図画工作は、次に起こることを予測する力をつける。
・図画工作は、たくさんのものから一つを選択する力をつける。
・図画工作は、組み合わせる力をつける。
・図画工作は、失敗を乗り越える力をつける。
・図画工作は、みんなでつくる力をつける。
・図画工作は、美しいことがわかるようになる力をつける。

以上のことから、子どもが実際に目で見て、手で触ったり、全身の感覚を使ったりして、友だちとともに造形的表現をすることを大切にして授業をつくってきました。ところが、前述したとおりビデオ通話による国際交流の教育活動を重ねる中で、子どもたちがタブレット端末を活用して意欲的に写真や動画を撮影し、身近な生活のとらえ直しや価値観を再構成する姿をみたのです。このことは衝撃的でした。

②道具としてのICT機器と「学力」の関係について

デジタル・ネイティブである子どもたちは、家庭や社会の中で、デジタル・デバイスにどんどん触れ、活用する力を身につけています。大きな潮流となっているデジタル・デバイスを、子どもたちはメディアを通して知り、家庭用ゲームや社会に実装された中でどんどん触れているのです。

現段階では、スマホに代表されるICT機器は、視覚と聴覚に大きく依存したデジタル・デバイスです。他の身体感覚が大事なのはいうまでもありませんが、教育現場においては、視覚と聴覚の身体感覚を拡張する道具として、タブレット端末などの活用も積極的に図るべきと考えるようになりました。

人類は、太古の昔からその時代に実現できる道具を使い、目の前の様子や感情を記録し続けてきました。たとえば、今からおよそ2万年前に描かれたとされるラスコー洞窟の壁画は、材料として、土や木炭を獣の脂や血、樹液で溶かして顔料をつくって指で描いたり、あるいは苔、動物の毛、木の枝をブラシ代わりにしました。

2万年前の人類もすでに環境や場所、目的に応じて、道具を選択していたのです。

時代は一気に下り、日本の大正期。主に子ども向けとしてクレパスが誕生しました。それまでの図画教育は適切な描画材がなく、子どもは感じたままに絵を描くことができませんでした。大正期に活躍した画家の山本鼎《かなえ》は「自由画」を提唱。子どもにのびのびと写生させなさいという自由画教育運動が広がる中、日本クレィヨン商會（現・サクラクレパス）に開発を依頼します。

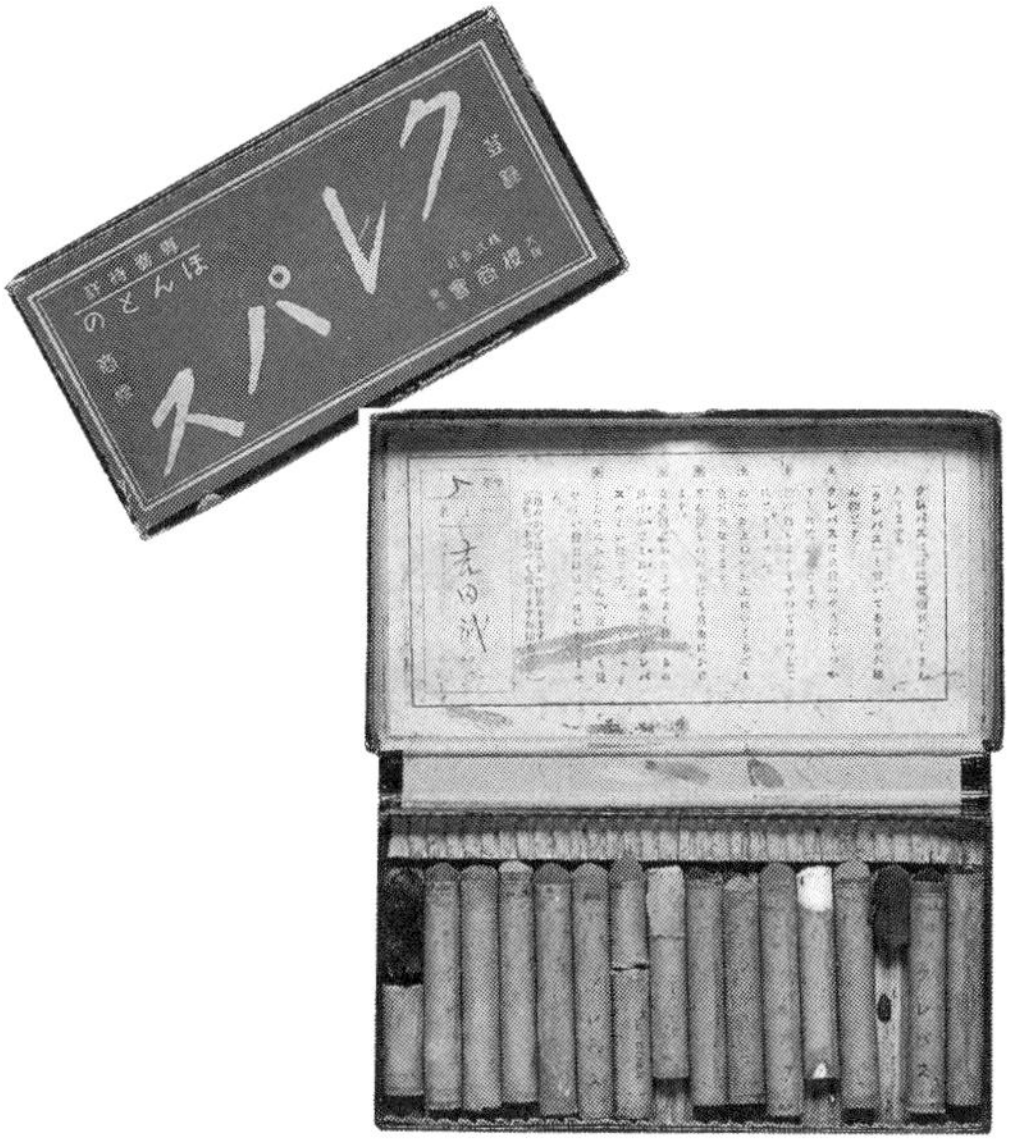

1928年頃の「ほんとのクレパス」。
写真提供：株式会社サクラクレパス

そして大正14年、線画を得意とする堅いクレヨンのよさと、顔料や油脂分が多く柔らかく、混色やこすりのばしもできるパステルのよさの両方を兼ね備えた「クレパス」が誕生したのです。

太平洋戦争後に急速に広まったクレパスは、幼児や児童用の描画材として普及しました。教育における時代背景という環境の変化が、新たな描画材としてのクレパス開発につながり、絵を描く道具となりました。それによって、子どもたちが自由に楽しく、感じたままに絵を描くことができるようになったというわけです。

日本体育大学児童スポーツ教育学部の奥村高明教授は、その著書『マナビズム「知識」は変化し、「学力」は進化する』２０１８年、東洋館出版社）の中で、「人々はたとえ１人で問題を解決したように自分では思っていても、道具とその背景にある人々、社会や文化との共同作業で、問題の解決や新たな知識を生み出している」と書いていています。

そして、「小学校学習指導要領解説　図画工作編」（２０１７年７月）を引用して、「用具には先人の知恵や人々のつながりなどが含まれている。用具を用いることは人と協働したり、文化の大切さに気付いたりすることになる。用具をつかうことで広がる社会との関わりや歴史的な背景に着目することも大切である」と分析。道具、環境などが多層に結びつきあったネットワークの中で人々は生きており、ネットワークとして成立している「学力」を個人の「学力」とみなしていると述べています。

道具が「学力」そのものを進化させているこの現状を見つめ直し、その道具の一つであるＩＣＴ機器の環境に対応した図画工作活動の展開を工夫・改善することが、変化が激しいこの時代において急務となっていると私は思っています。

③ ＩＣＴ機器が身体機能を拡張するとはどういうことか

ここ数年、ＶＲ（仮想現実 Virtual Reality）対応のゲームやゴーグル等がゲームメーカーなどから多数発売されています。ＡＲ（拡張現実 Augmented Reality）については、子どもから大人まで広く知られているキャラクターとＧＰＳを組み合わせた位置情報ゲーム「ポケモンＧＯ」が注目を浴び、メディアでも広く取り上げられました。ドローンは急速に普及したことで墜落などのトラブルも多数発生していることから、日本国内では２０１５年の航空法改正によって、人口密集地での飛行や目視できない範囲の飛行禁止などの規制がかけられました。

教育現場に目を向けると、アメリカやヨーロッパなど海外では、ＶＲやＡＲのコンテンツを制作し、学習意欲を向上させたり、高度な学習体験をしたりしている事例が多数あります。ドローンについては、ＭＩＴメディアラボによって開発されたScratch（子ども向けの簡単なプログラミング言語）によってドローンを動かす教育も展開されているのが２０１８年前後の現状です。

このような新しく出現してきた技術は、民間企業のコンテンツに依存する傾向があるとともに、教育現場においては使用時の安全性を考慮したコンテンツ制作も求められています。美術教育分野においては、鑑賞教育での取り組みも行なわれていますが、私は民間企業等のコンテンツなしでも使える道具の一つとして図画工作科で取り組んでいます。

前述したように、道具は個人の「学力」そのものを進化させますが、その過程で、人は身体能力も拡張させています。簡単なたとえとして、人は自動車を運転することで身体の機能をはるかに超えたスピードで移動できるようになります。スマホのカメラ機能を使えば、人間の視力では追いつくことができないハイスピードで、動く被写体をとらえて記録できます。道具が身体機能の拡張を図っているのです。

ビデオ通話による国際交流の教育活動を重ねる中で、子どもたちがタブレット端末を活用して身近な生活のとらえ直しや価値観を再構成する姿は、身体機能の拡張によってもたされたと私は思っています。

ＩＣＴ機器を活用した図画工作によって身体機能が拡張され、「学力」が進化するその教育実践のいくつかを次の項から述べています。そして、未来をつくる図画工作について、ともに考えることができればと願っています。

タブレット端末、ＶＲ、ドローンを活用した実践例の紹介

①宮野森つむちゃんハウス（２年生／３６０度カメラ、ＶＲゴーグルの活用）

実践の概略

生活科の学習で、宮野森小学校脇にある「復興の森」の中でお気に入りの場所を選び、その場所に似合う、背負って運べる秘密基地のような家をつくった取り組みです。（６時間扱い）

実践に至った経緯

宮野森小学校の木造新校舎は、２０１７年１月からの使用でした。校舎の隣には「復興の森」があります。「復興の森」は、動植物の観察ができる里山であり、大き

なツリーハウスや展望台、サウンドシェルターなども整備されています。

「復興の森」を活用した学習を、2年生の子どもたちはほとんど経験していなかったので、生活科での学習経験を生かし、図画工作につなげる題材を考えました。

実践上の工夫

まずはじめに、子どもたちが「復興の森」でのお気に入りの場所を選び、その場所に似合う「宮野森つむちゃんハウスをつくる」ことを目標に設定しました。そこから、形や色、イメージに真正面から向き合うことにつながるようにするために、「つくりたい！」という気持ちを育みたいと考えたためです。

作品完成直後には教室で、以前、生活科で「復興の森」に行ったときに360度カメラで撮影した画像をVRゴーグルを装着して擬似的に体験させるといった工夫もしました。

さらに、子どもたち自身が授業の中で、形や色、イメージをつくりかえ、達成感を感じたり、図工の造形的な思考力を活用して、実際の社会をよりよく変えていきたい、変えようとする姿勢を育みたいと考え、その後、「復興の森」に「宮野森つむちゃんハウス」を持っていきました。VRも重要なツールですが、やはり、本当の体験が一番楽しそうであり、教育的効果もあったことは言うまでもありません。
そして、小中9年間の中で、小学校低学年の

教室でVRゴーグルを装着して、疑似体験中。

宮野森つむちゃんハウスを森へ。

子どもたちの発達段階として、特に大切にしたいと考えていた「つくることにひたる」姿に近づけるため、材料選びや造形行為から発想した一人一人の思いや考えをくみとり、造形的観点や学習態度などともあわせ、大いに賞賛しました。

その一方で、学習につまずいている子どもには、造形的な技能に沿った具体的な指導を行なうことで、造形的な思考力を育んでいきたいと考えました。その際、すべての解決方法を教えてしまうのではなく、子どもが乗り越えられそうな範囲の助言、〝しかけ〟となる発問にとどめることが大事です。

② 天然記念物の木で「かまがみ様」をつくろう（5・6年生：360度カメラ、VRゴーグルの活用）

実践の概略

東日本大震災で流されてしまった「カマ神様」を、倒木した市の天然記念物「お筆むろの木」でつくった2017年6月（6年生）と2017年9〜10月（5年生）の題材です。（8時間扱い）

実践に至った経緯

カマ神様
写真提供：東北歴史博物館

「カマ神様」は火難除け、魔除け、家内繁盛のため台所の柱や竈《かまど》の上などに飾られる土製や木製の面で、宮城県の指定有形民俗文化財になっているものもあります。宮城県から岩手県南部にかけて広くみられる風習ですが、現在は廃《すた》れており、旧い民家に残っている状況です。

宮野森小の学区域である宮戸や野蒜の地域には「カマ神様」が残っていた家がありましたが、東日本大震災で多くが流されてしまいました。

一方、宮戸島にある「お筆むろの木」は樹齢７００年とも伝えられ、東松島市の天然記念物に指定されています。しかし、２０１６年度夏の台風で、その一部が倒れてしまい、東松島市地域おこし隊の方が倒木の枝を何かに活用できないかと模索していたのです。

そうした中、本校5・6年生の子どもたちが、この地域の風習の一つである「カマ神様」について、総合的な学習の時間で調べていました。

宮野森小学区では高台での復興住宅の建築や信号機設置など、新しい街づくりの基盤ができていき、コミュニティが一歩ずつ進んでいる状況にありました。子どもたちが自ら新しいコミュニティの一員として歩んでいく上で大切なことは、自分たちのふるさとに愛着をもつことであると考えたのです。

折れたお筆むろの木と地域おこし協力隊の方の姿。

そこで、自然豊かで魅力的な伝統や文化が多い地域素材を生かした学びは、震災のため学区を離れた生活を余儀なくされた児童が、ふるさととの魅力を見つめ直し、ふるさとを愛することにつながると考え、「お筆むろの木」で「かまがみ様」をつくる本題材を考えました。

実践上の工夫

樹齢700年の経年変化が独特の形となってい

る「お筆むろの木」は、子どもたちが心を動かす素材になると考えました。しかし、宮戸島へ行って、実際にその大きさや独特の形、色をとらえさせることは、その他の教科学習の時間配分や予算の兼ね合いから実現できそうにありませんでした。

お筆むろの木がある宮戸島の森をVRゴーグルをつけて見ている様子。

お筆むろの木で「かまがみ様」を制作する子どもたち。

そこで３６０度カメラとＶＲゴーグルを活用することにしたのです。ＶＲについては、２０１６年頃から多くのメディアでも取り上げられ、児童も関心が高いＩＣＴツールとなっていました。

授業では、地球対話ラボの方に相談して、対象年齢をクリアしているタイプのＶＲゴーグルを準備。子どもたちは順番に装着して、「お筆むろの木」がある森の中に擬似的に入っていきました。３６０度カメラで撮影した映像は写真に加えて動画もあったため、セミの鳴き声なども記録されており、視覚と聴覚によって一瞬にして森のなかにいるような感覚に。子どもたちは歓声をあげていました。

その後、子どもたちはＶＲ体験やお筆むろの木の形から、それぞれの「かまがみ様」の表情を想像し、彫り進め、最後にはイメージした色に着彩しました。お筆むろの木の７００年という樹齢やＶＲで見たり聞いたりした森の様子から、茶色系の色に着彩する子ども、津波で流された地域の文化を未来へつなごうという気持ちを赤い色で表わす子どもなど、実に多彩な「かまがみ様」をつくっていました。

子どもたちのこのような思いで作られたカマ神様をぜひ地域の方に見てもらいたいと、近くにある歴史博物館や公民館に展示をし、３００人以上の方に鑑賞いただ

地域の公共施設で展示したときの様子。

子どもたちがお筆むろの木でつくった、いろいろな顔のかまがみ様。

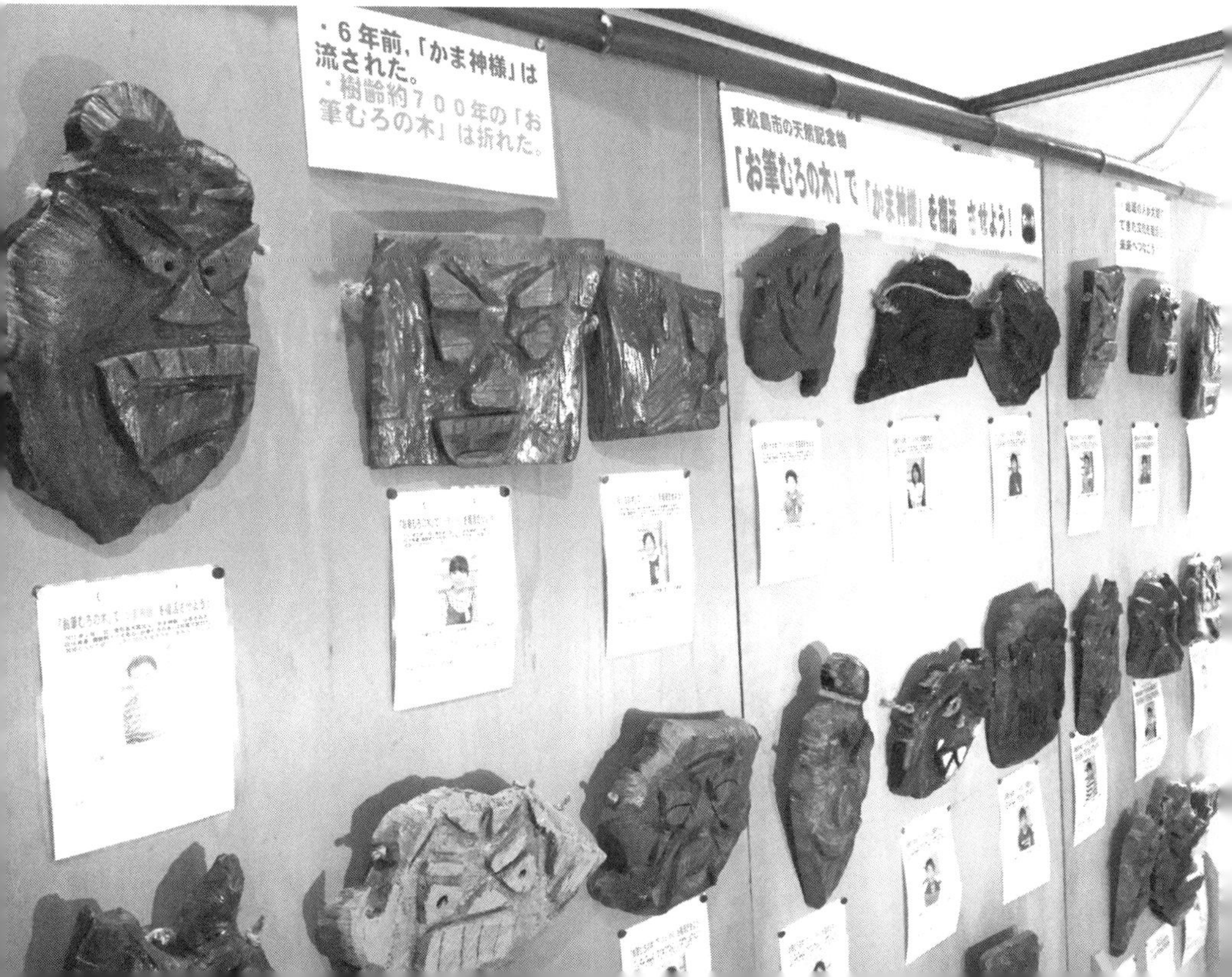

きました。中にはお手紙を学校に届けてくださったご高齢の方もいらっしゃいました。その方は津波で家を流され、新たに造成された高台に移転した方でした。子どもたちが地域の文化を見つめ、受け継ぎ、新たに作り出した「かまがみ様」一つ一つを見て、心が温まった、未来に希望を感じたとその手紙には綴られていました。

③空を飛んでパチリッ！（ドローンの活用）

実践の概略

通常は見ることができない視点からの写真をドローンを使って、子どもたちが自ら撮影し、身近な学校や地域の様子をとらえ直して絵に表わした5・6年生の題材です。（8時間扱い）

実践に至った経緯

宮野森小は津波被害を受けた2つの地域の小学校を統合して新設された学校です。

新たなふるさととなる高台にある学校の校庭で、ドローン撮影をしている様子。

高台移転した新しいふるさととなる地域の様子を、ドローンを使って児童自らが撮影することは、地域を見つめ、ふるさとを感じ取る機会になるとともに、避難経路などを考える防災教育につながると考えました。

授業で使ったドローンは、前述したドローン規制法の対象外となる、総重量２００グラム以下の軽量な機体を使うと同時に、子どもたちに国土交通省が示す規制を伝え、事故防止や規範意識も指導しました。

出典：国土交通省ホームページ

スマホに代表されるＩＣＴ機器にまつわる問題や課題等のデメリットも押さえつつ、メリットを教育活動に活かさなければならないのは、どのような学習教材についてもいえる当たり前の視点ですが、真新しいＩＣＴ機器の場合には教師が特に留意しなければならないことです。

実践上の工夫

ふるさとを感じ取り、防災教育にもつながるドローンの撮影は、教師の想像以上に子どもたちが風景を見つめ直すのだということを、宮野森小の実践で実感しました（その後、宮城県内の他の小学校へ転勤となったときも、絵に表わす活動でドローンを活用しました）。

２０１７年３月に改訂された「学習指導要領〜図画工作科編」では、第５学年及び第６学年の〔共通事項〕（１）のアに、「自分の感覚や行為を通して、形や色などの造形的な特徴を理解すること」が示されています。

そして、「第３：指導計画の作成と内容の取扱い」において、この〔共通事項〕アの指導に当たって、配慮し、必要に応じて、繰り返し取り上げることの一つとして、次の言葉が示されています。

「第５学年及び第６学年においては、動き、奥行き、バランス、色の鮮やかさなどを捉えること。」

さらに、内容の取り扱いについて配慮するとして、次の文章が新設されています。「（10）コンピュータ、カメラなどの情報機器を利用することについては、表現や

子どもたちがドローンで撮影した画像例。

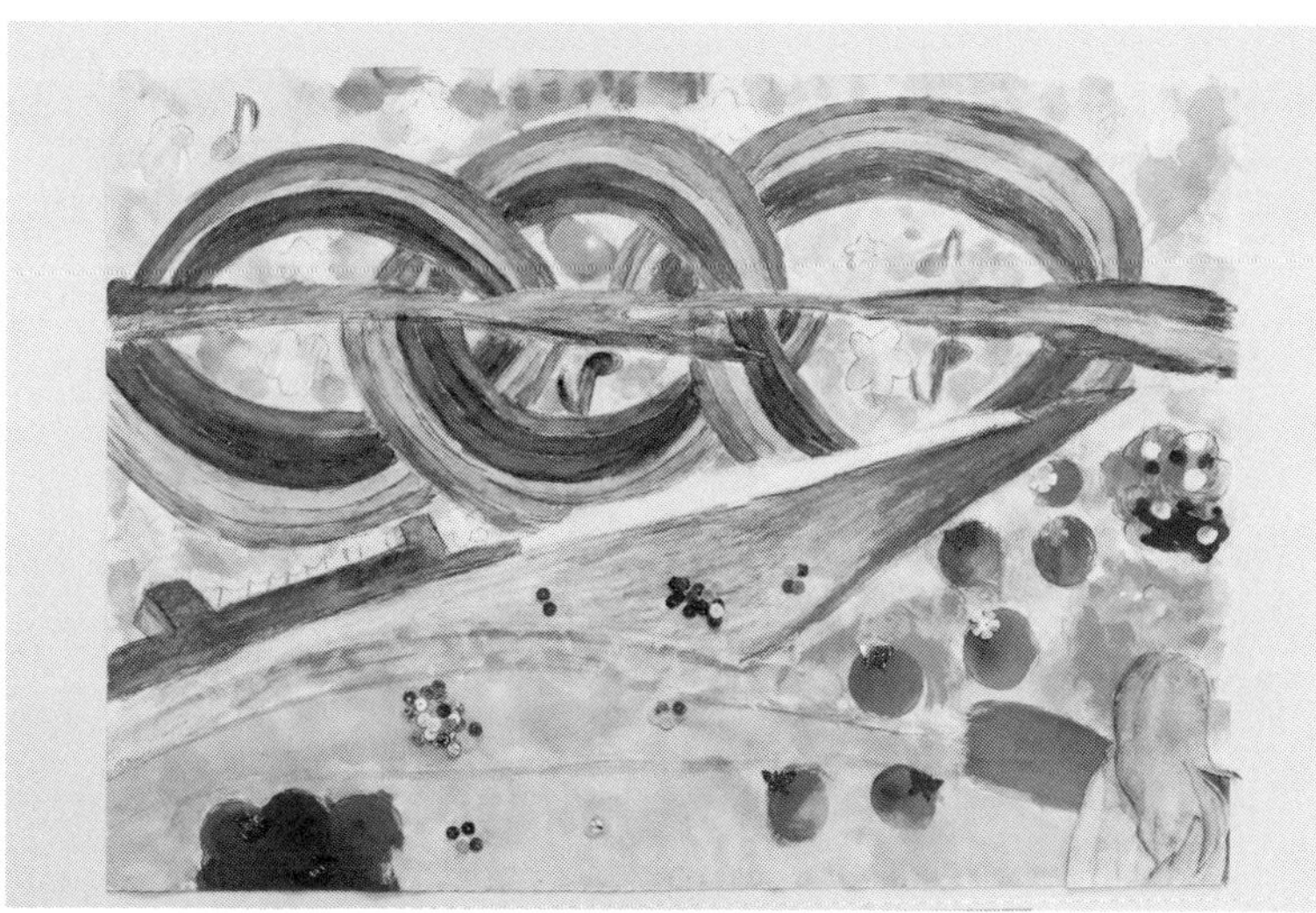

ドローンの写真をもとにイメージをふくらませ、３つの虹が美しく光り輝く様子を想像して描いたという作品。

鑑賞の活動で使う用具の一つとして扱うとともに、必要性を十分に検討して利用すること。」

これらの文言は、本題材の実践を前に特に検討した部分でした。

ドローンには動きや奥行きをとらえることができる動画や静止画のカメラが装着されています。また、色の鮮やかさは、ドローンで撮影した画像は、操作するタブレット端末上（本実践では携帯電話キャリアと未契約のｉＰｈｏｎｅを利用）で簡単に明度や彩度を調整することができます。子どもたちは、ドローンに高い関心を示し、動きや奥行き、バランス、色の鮮やかさなどを〝楽しみながら試して〟とらえていました。

低空飛行のドローンの映像に関心を持ち始めた子どもたちの様子。

楽しみながら試す行為は、用具によって身体機能が拡張され、今まで見られなかった「モノ」が見え、動きや奥行きといった「コト」がわかるようになる姿でした。

　特に印象的だった子どもたちの姿は、自ら操作するドローンが子どもたちの目線からではとうてい見ることができない上空からの撮影はもちろんのこと、地上すれすれの低空から見える風景のおもしろさに気づいたことです。これは、地面に置いたドローンが離陸する動きをドローンのレンズがとらえ、リアルタイムにタブレット端末に映し出される機能によるものでした。

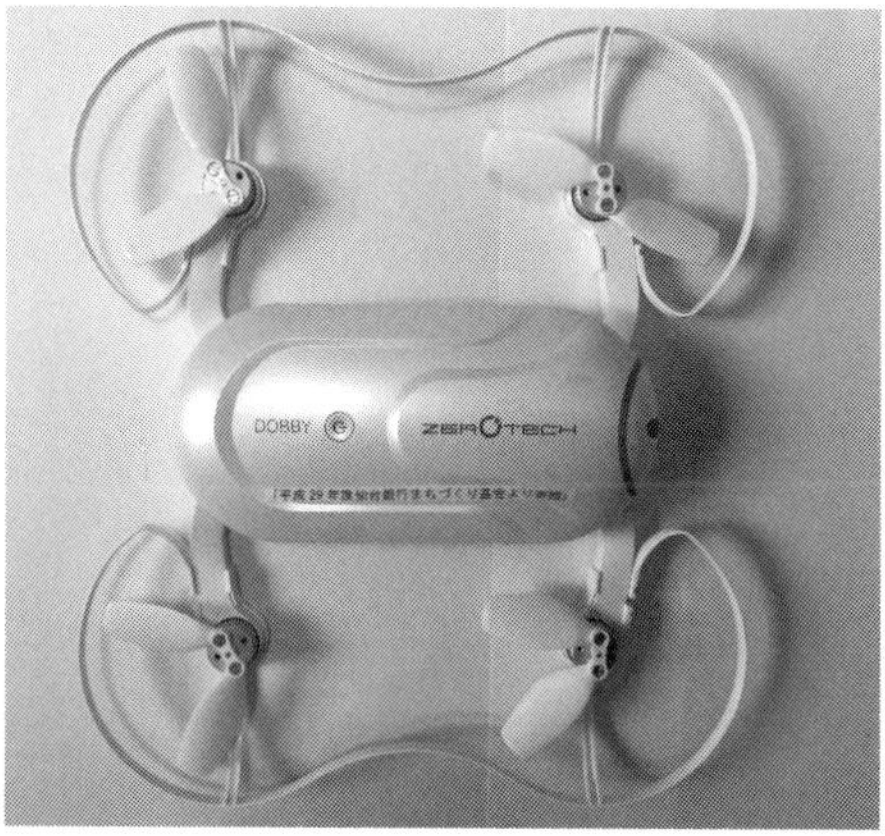

授業で活用した規制対象外のドローン

　通常のデジタルカメラの機能を超えた多くの気づきをドローンはもたらしました。ドローンは、数千円台から数十万円までありますが、200g以下のものであれば、価格はあまり高くはありません。しかも学校の現場で1人に1台を貸し出すような環境整備をする必要も、今のところ、ないと考えます。理由はまず、バッテリーの問題。現状では10分程度しかもたないため、45分授業のためには、予備バッテリーが３本ほど必要になるのです。そしてもう一つ、グループで１台を使うことで、タブレット端末を友だち同士で見ることになり、ドローンの動きや、映された映像の感じ方、奥行やバランス、色の鮮やかさなど多彩な意見が出ます。自分一人では気がつかないことを気づく友だちがいるということもわかり、協働的な学びが期待できるのです。

新しい用具は使ってみてわかることが教師にもあり、このような教材研究が新たなＩＣＴツールの活用ではいっそう大切になると思います。

ドローンの映像をもとに、動きや奥行、バランスなどをあれこれ話しあっている様子。

④私はユーチューバー。３６０度カメラで何を紹介する？（３６０度カメラの活用）

実践の概略

３６０度カメラを使って、子どもたちが身近な学校や地域の様子を撮影し、アプリ内で構図を再構成して絵に表わした５・６年生の題材です。（８時間扱い）

実践に至った経緯

高台移転した新しいふるさととなる地域の様子を、３６０度カメラを使って児童自らが撮影することは、地域を見つめ、ふるさとを感じ取る機会になると考えました。きっかけはＶＲの静止画や動画を児童に見せるためでしたが、子どもたちの身体機能を拡張し、造形的な思考を大いに刺激する道具であることを直感しました。

３６０度カメラは、全天球カメラ・全方位カメラなどとも呼ばれており、その名の通り３６０度を１台のカメラで撮影できます。文部科学省が、２０１１年４月に策定した「教材整備指針」に準拠した学校教材備品のカタログにも掲載されました。タブレット端末に転送された３６０度画像の加工が、小学校低学年の子どもたちでも簡単に、そして瞬時にできるのです。

絵画やカメラの歴史を振り返ると、ルネサンス以降、西洋絵画は三次元空間を二次元に表現するために、一点透視図法や二点透視図法といった遠近法を生み出したり、ピンホールを通る光が外の風景を箱の中に映したりといった現象がカメラ・オブスクラとして広がった１５００年代、そして現代のデジタルカメラやテレビの映像、スマホの映像等も基本的には、「開いた窓」と見立てて三次元空間が再現されています。

ところが、３６０度カメラには、この「開いた窓」という概念が通用しません。「ものを認識する道具」から「空間を認識する道具」へと変換したと私は考えます。そして、３６０度カメラはもちろんのことＶＲ映像や「ポケモンＧＯ」のようなＡＲ、それらが合わさったＭＲ等へと拡張現実の技術やツールはどんどん進化しています。社会におけるＩＣＴツールを軸とした文化が急速に進み、子どもの認識力に大きな影響を与えていると感じました。そこで、身体機能を拡張したり、認識を広げたりする道具を活用した授業を行なうことが急務であると感じたのです。

実践上の工夫

画面上に写った360度画像を指で触れ、上下左右と自由自在に動かすことで、子どもたちは自分の感情にマッチした構図を見つけだします。しかも、楽しみながら、短時間で行なえるのです。これは、限られた時間で設定されているカリキュラムには大変有効な、思考を深める道具となります。学校現場の先生方に、ぜひ実際に使って、先生方自らが思考の広がりを体感してもらいたいと思っています。

前述したように、家庭や社会の中で広がっているデジタル・デバイスの多くが「開いた窓」という形態をしていますが、人間がものを認識するにはそのような単一の視点からだ

子どもたちが撮影した360度画像。撮影時もカメラを上下左右に動かし､さまざまな構図を楽しそうに試していた。（P171にも画像掲載）

けでは十分とはいえません。実際には、いろいろな角度からも対象物を見ているのです。さらに視覚だけにとどまらず、触覚や聴覚、味覚なども使って対象物を認識します。

その中で人は、対象物に対しての感情が湧き起こります。そして絵画などで表現しようとしたとき、人は沸き上がった感情から、対象物の何をどのように描こうかとあれこれ思考していくのです。この思考に寄り添った画像の加工をいろいろ試すことを３６０度カメラの編集アプリは容易に助けてくれます。

３６０度カメラならではのユニークな構図に子どもたちは興味津々。

ＩＣＴ機器を活用した業務改善の工夫

ここまで、「高台移転をした新しいふるさとを見つめなおし、未来をつくるＩＣＴ機器を活用した図画工作」としてタブレット端末、ＶＲ、ドローンを活用した実践例を紹介しました。

ＩＣＴ機器を活用したこれらの実践は、ややもすると、従来の題材準備にプラス、機器の準備や整理に時間が取られてしまいます。さらに、教育実践者として、エビデンスを示して評価につなげることもしっかりと行なわなければなりません。解決には、さまざまな業務改善の工夫が必要となってきますが、その糸口として、私はテキストマイニング（※）を活用しています。テキストマイニングはビッグデータの解析に大いに活用されていますので、学級の子どもたちのデータに活用する有効性は少ないのではないかという声が聞こえてきそうですが、そのようなことはありません。

※テキストマイニング：大量のデータから情報を取り出すこと。キーワードの出現頻度や関係性を分析できる。

ＶＲやドローンの実践をテキストマイニングで分析した結果

単語出現頻度

文章中に出現する単語の頻出度を表にしています。単語ごとに表示されている「スコア」の大きさは、与えられた文書の中でその単語がどれだけ特徴的であるかを表しています。通常はその単語の出現回数が多いほどスコアが高くなりますが、「言う」や「思う」など、どのような種類の文書にも現れやすいような単語についてはスコアが低めになります。【スコアの目安と算出方法について】

単語の出現頻度をダウンロード ▾

名詞	スコア	出現頻度	動詞	スコア	出現頻度	形容詞	スコア	出現頻度
ドローン	35.93	56	撮れる	45.02	29	よい	0.85	18
撮影	6.41	24	できる	0.41	21	楽しい	0.87	15
操作	15.04	19	撮る	3.30	18	すごい	0.36	11
スマホ	2.15	16	思う	0.13	15	高い	0.42	10
写真	0.37	10	違う	0.62	12	いい	0.05	9
風景	2.51	8	使う	0.12	8	難しい	0.58	8
上	0.89	8	動かす	1.32	5	ない	0.00	3
デジカメ	8.80	8	分かる	0.13	5	やすい	0.03	2
景色	3.32	7	楽しむ	0.13	4	おもしろい	0.11	2
簡単	0.18	6	見える	0.05	3	うまい	0.04	2
空	0.35	5	みる	0.13	3	細かい	0.30	2
タブレット	1.29	4	がんばる	0.04	2	遠い	0.03	1
きれい	0.77	4	飛ぶ	0.05	2	低い	0.02	1
経験	0.18	4	なくなる	0.07	2	見やすい	0.58	1
学校	0.10	4	増える	0.02	2	怖い	0.01	1

単語分類

2つの文書に出現する単語を、それぞれどちらの文書に偏って出現しているかでグルーピングした表です。表の左側には「高評価のレビュー」によく出現する単語が、右側には「低評価のレビュー」によく出現する単語が表示されています。それぞれの表の中の単語は、出現頻度が多い順に並んでいます。

360度カメラにだけ出現	360度カメラによく出る	両方によく出る	ドローンによく出る	ドローンにだけ出現
360度カメラ　写る　回る　前方　体験　工夫　後方　すべて　撮り方　いく　見つける　比べる　われる　触る　なれる　携帯　静止　挑戦　テレビ　理由　地球　嫌い　部分　巨人　VRゴーグル　動画　機械　VR　ピント　全部	使う　おもしろい　見える　カメラ　ビデオカメラ　タブレット　見る　360度　普通　勉強　携帯電話　上下　周り　左右　かかる　変わる　学べる　楽しさ	撮れる　楽しい　できる　撮る　違う　思う　すごい　スマホ　写真　デジカメ　ない　場所　角度　いろいろ　全体　びっくり	よい　撮影	ドローン　高い　いい　難しい　操作　動かす　分かる　上　風景　楽しむ　景色　うまい　細かい　やすい　簡単　みる　空　きれい　経験　学校　飛ぶ　いける　がんばる　飛ばす　なくなる　壊す　増える　見やすい　低い　怖い

資料提供：㈱ユーザーローカル
テキストマイニングツール（ https://textmining.userlocal.jp/）で分析。

教師は図画工作科はもちろんのこと、さまざまな教科指導において、児童に授業の振り返りを学習カードに書かせることがよくあります。エビデンスを明らかにしようすれば、振り返るための視点や項目をしっかりと考えて設定しなければなりません。勤務時間がＯＥＣＤ加盟国等34カ国国中で最長である日本の教師がそのような教材研究の時間を充分に確保することは難しく、設定した学習カードに子どもたちが書いた貴重な振り返りをていねいに分析する余裕もなかなかありません。

しかし、子どもたちの自由記述であれば、振り返りの項目を吟味する必要はありません。さらにテキストマイニングによる分析は、教師一人では十分に読み取ることができない子どもたちの気づきをていねいに、そして詳しく示してくれます。

本書に記載したＶＲやドローンを活用した造形教育の実践についても、身体機能が拡張することを児童自ら気づかせ、造形的な思考力を広げることに有効であることがわかりました。課題は、地方の小学校現場では、子どもたちの手書き入力を自動でテキスト変換するＩＣＴ機器の整備が進んでいないという現状です。しかし、自動車の自動運転に代表されるようにカメラ画像の認識能力の急速な進化は瞬く間に、一般的な学校現場に導入されていくことになるでしょう。前述のミネルバ大学の取り組みは現在は特異な例かもしれませんが、業務改善につながる革新的なＩＣＴ機器の活用は、やがて私たち地方の公立学校にもさらに進化した形で普及するはずです。私たち一般の教員がすべきことは、恐れずに変化に立ち向かう勇気と柔軟な思考だと思います。子どもたちの人としての成長、学力の向上に向け、ともに今の現状と向きあっていきたいものです。

「VR で感じ取ろう」（小学４年生、VR 映像の活用）　子どもたちが VR 映像を見る鑑賞の授業。

「空間をすてきに！」（小学６年生、AR アプリの活用）　子どもたちが仮想の絵筆で空間に色や形を書き加えていく AR の実践。

終章
日本中の子どもたち、学校の先生、地域のみなさんにお伝えしたいこと

震災後の「えんずのわり」を見て感じたこと

東日本大震災後、宮戸島はずいぶんと人口が減ってしまいました。月浜地区の「えんずのわり」も存続が危ぶまれましたが、地区のみなさんのあたたかな思いによって支えられ、続けられています。

行事の中で地区の家々をねり歩き、家の人の前で祝い言葉などを述べるのですが、震災後は、こんな言葉を聞くようになりました。

「震災に負けねで、
魚いっぱいとれるように。
いっぱい、海苔、つくっていけるように。」

子どもたちが自ら考えて言ったこの言葉に、私は心の底から感動しました。各家で何を言おうか、何を願ってあげようか。岩屋の中で子どもたちが考えるのです。

震災は想像を絶するおそろしさでした。筆舌に尽くせない凄まじい光景を目にし、子どもも大人もひどく傷つきました。やさしい気持ちを保てない日々もありました。しかし、地域のこと、浜のこと、人の気持ちがわかるから、こういう言葉を考えることができたのだと、宮戸の子どもたちを誇りに思いました。

私は、宮戸小や宮野森小で行なってきた図画工作科とＩＣＴ機器を活用した国際交流の実践で大きな成果があったと考えています。なぜうまくいったのだろうと考えたときに、一番最初に思いついたのは、子ども同士のタテのつながりと自然に触れる機会の豊かさです。

震災後、仮設住宅に住む人々に、「震災に負けねで……」と自ら唱える子どもたちの姿に、みな、涙した。

体験にもとづいて知識が活かされ、知恵になっていく

今の子どもたちは生まれたときからデジタル機器に囲まれています。スマホ、パソコン、インターネット、ハイテクなゲーム機。私たちが子どもの頃からは考えられない世界です。だからつい大人は不安になり、弊害を心配します。

しかし考えてみたら、私の世代が子どもの頃にも、当時の大人たちはきっと、「今の子どもは生まれたときから掃除機があって、洗濯機があって……昔はなんでも手でやったもんだ」「テレビも電話も……」と、家電の急速な普及によって子どもがダメになってしまうのではないかと心配していたに違いありません。

大事なのは「使い方」と「実体験を大切にする」ということではないかと考えます。

宮戸小も宮野森小も、周囲に豊かな自然があります。生活科や総合的な学習の時間には、森に入って探検ができるのです。木々や草花、いろいろな虫や鳥たちの生きるための営みに触れ、たとえば、オオタカの巣をみつけたときには、大きな声などを出しておどかしてはいけないと知ります。大きな声や音でおどろいたオオタカ

が「ここは危険な場」だと思ってしまうと、二度とここには巣をつくらなくなってしまうと教えれば、子どもたちは静かに森を通りぬけます。いたわりの心が育つのです。

森に落ちていた枝を使って虫たちの巣になるような場所をつくって観察したり、自分たち用に秘密基地をつくって、そこで過ごして虫たちの感覚を感じてみたり。また、探検していく中で、一人では大きな枝を運べない、力が必要なときはみんなで協力することの大切さを実感します。ふと足元をみると、虫たちも協力してエサを運んでいるところを発見もします。

虫も、花も、木々も、そして人間もみんな共生しあっている、そんなさまざまな思いに気がつくことが、とても大事だと思います。

そして、宮戸島の伝統行事「えんずのわり」に象徴されるような、タテとヨコの人間関係。大きな子が小さな子のめんどうをみたり、何かを教えたり教えられたり、子どもなりの生きていく知恵のようなものを生の人間関係の中で学べるという体験も貴重であり、欠かすことのできないものだと考えています。ときにはケンカをしたってよいのです。ケンカして、反省して、あやまって。大切なことです。

こうしたことが基本にあれば、インターネットで調べることも、ＩＣＴ機器を活用することも、悪いことではありません。

今回も、ＩＣＴ機器があったからこそ、海を遠く隔てたアチェの子どもたちと交流することができました。日本とは異なる文化をもつ国に暮らす子どもたちのことを知りたいと思い、異国の自然環境に興味を抱き、見たことのない食べ物を知り、また、お互いに地震や津波被害を体験したつらさや前向きに生きていこうとする姿勢を共感できたのです。

〝新しい道具〟というものは、いつの時代にあっても、便利なものです。距離や時間を縮めてくれるので、それまで体験できなかったことを子どもたちに体験させてあげられます。それが、子どもの成長につながり、生きる力や学力につながることも大いに考えられます。

ただ、新しい道具というものには未知の部分や思わぬ落とし穴もあるので、そこは注意深く見守り、時には新しいルールを決めるといったことも必要でしょう。そして忘れてはならないのは、やみくもに禁止したり、制限をかけるのではなく、上手な使い方、つきあい方を学ばせていくことです。

子どもをとりまく環境の激しい変化それに対応して、学校ができること

こう書くと、「うちは都市部の学校だから自然もないし、地域のコミュニティの関係もうすい……」という声が聞こえてきそうです。確かに、宮戸小や宮野森小の子どもたちはいろいろな面で恵まれているかもしれませんが、その土地にはその土地のよさが必ずあると思います。

どんな都市部でも、小さな空き地があったり、道端には雑草がはえているものです。たとえば、ねこじゃらしを観察し、調べてみると、エノコログサという立派な名前があり、ターボエンジンのようなすごい光合成システムをもっていることがわかります。また、都会には、島にはない〝音〟もたくさんあります。音を観察してみるのも楽しい授業になりそうです。

近年、学校現場では、学年を超えた授業や行事が増えています。それは地域の中で子ども同士が年齢を超えて遊ぶことが減っていることや、子ども会などの組織も成り立たなくなっていることにも関係するのかもしれません。

子どもは教師や大人が言うことより、自分より少し年上のおにいさん、おねえさんが言うことは素直に聞いたり、憧れたりします。宮戸復興プロジェクトCやアチェとの交流の中では大学生が活動に参加してくれたのですが、それを実感する場面がいくつもありました。

学校の中でのタテ割りの行事は、準備が大変なこともありますが、子どもにとっては貴重な体験なので、大いに活用してほしいと思います。

ＩＣＴ機器やインターネットなどの新しい道具や膨大な情報は、これからどんどん、急速に教育現場に入ってくると考えられます。それを止めるのは難しく、また、せっかく使えるのならば、うまく使っていくとよいのではないかと考えています。それによって新たな知識がつき、経験とつながって、子どもたちの知恵や生きていく力につながるからです。だからこそ、便利さだけにとらわれない、五感に響く豊かな経験にもとづく学校教育や子育てでありたいものです。

震災の体験は大変につらいものでした。子どもたちの傷ついた心を癒やし、未来へ向けて歩んでいけるよう、教師として何ができるのかを自問自答する日々でした。しかし、図画工作科の授業をはじめ、ＩＣＴ機器を使った国際交流授業などを通じ、たくさんのことを学びました。子どもから学ぶことも多くありました。

地震、豪雨、噴火など、日本は災害の多い国です。いつそうした災害に遭うか、誰にもわかりません。大きな被害にみまわれると、どうしたらよいのか途方に暮れることもあるかと思います。もしものときに、本書が少しでも力になれればと願っています。

《資料》

宮城県東松島市と宮戸島

２００５年に旧鳴瀬町、旧矢本町が合併して誕生した東松島市。まわりを宮城郡松島町、石巻市、遠田郡美里町が接しています。

市の北部には航空自衛隊松島基地。毎年開催される航空祭ではさまざまな展示や催し、ブルーインパルスによる演習飛行が訪れる人の目を楽しませてくれます。

松島湾最大の島である宮戸島は奥松島として知られ、日本三大渓の一つ「嵯峨渓」、国内最大級の「里浜貝塚」などを有する風光明媚な島。特産品は牡蠣や海苔など。年間を通して釣りを楽しむことができ、多くの釣り人が訪れる人気の釣りスポットでもあります。

東日本大震災での東松島市の被害

２０１１年３月11日の東日本大震災では、震度６強の揺れと津波に襲われ、東松島市の浸水被害は市街地の65％に達しました。本書にまとめられたプロジェクトが実施された小学校のあった宮戸島には10ｍを超える津波が押し寄せ、島の4分の3の浜と家屋が流され、壊滅状態に。ライフラインの復旧に3カ月以上かかるほどでした。

旧宮戸小学校と合併した旧野蒜小学校のあった野蒜地区の被害も甚大なものでした。2016年10月に開館した「東松島市震災復興伝承館」は被災したJR仙石線の野蒜駅（現在は高台に移転し全線再開）の旧駅舎を改装した施設。風化させてはならない大震災の様子を伝え続けています。

写真提供：東松島市震災復興伝承館
パネルや映像などを活用し、わかりやすく展示されている。

インドネシア共和国

東南アジアの南部。スマトラ島、バリ島、ジャワ島、スラウェシ島など主要な島と、中規模な群島を含めた約1万7000以上の島々から成る世界最大の島しょ国家。このうちのおよそ9000の島々に約2億2800人もの人々が暮らし、約490の民族集団がそれぞれの多様な民族文化を継承してきました。世界最大のムスリム人口を有しています。首都ジャカルタ（ジャワ島）は東南アジア屈指の世界都市。国の産業としては農業が盛んで、主な作物はカカオ、キャッサバ、ココナッツ、コーヒー豆、サツマイモなど。鉱業資源にも恵まれ、日本は天然ガスからつくられるLNGをインドネシアから輸入しています。また、豊かな熱帯雨林は世界三大熱帯雨林に数えられ、さまざまな動植物が生息しています。20世紀、急速な経済発展のなかで膨大な森林が伐採されてしまいましたが、現在、その豊かな環境をまもろうと、数々の保全活動がすすめられています。

スマトラ島沖地震（2004）とアチェ

スマトラ島沖は世界有数の地震多発地帯で、100～150年の周期で大きな地震が繰り返し発生しています。２０００年代に入り、マグニチュード7を超える大きな地震がたびたび発生していますが、なかでも２００４年12月26日に発生したものはマグニチュード９・1（調査機関によっては９・３。東日本大震災は９・０）で、地球の地軸が数センチずれ、地球の自転に何らかの影響を与えた可能性があるというほどの猛烈な地震でした。

もっとも被害の大きかったのがスマトラ島北端に位置するアチェ州。地震による揺れは震度５強～６程度でしたが、直後に10ｍを超える津波が押し寄せました。地形や場所によって波はさらに高くなり、横浜国立大学水環境研究室の調査で確認された津波痕跡高（建物や樹木に残っていた津波の痕跡から求める）は48・86ｍ（潮位補正済。地震による津波の明確な記録としては過去最大）。16万人以上が犠牲となり、地形が激変するほどの被害を受けました。

アチェ州では、約30年間にわたり独立派組織とインドネシア政府との間で武力闘争が続いていましたが、この大津波を機に２００５年12月に終結。２００９年に開館したアチェ津波博物館には、世界中から多くの人が訪れており、「10年後の宮戸島」と「10年後のアチェ」の絵が展示されています。

宮野森小学校

東日本大震災で被災した宮戸小学校と野蒜小学校は２０１６年３月に閉校となり、合併して、同年４月、集団移転先「野蒜ケ丘」に建つ宮野森小学校となって生まれ変わりました。校名を提案したのは６年生の女子児童。「宮戸の子と野蒜の子が、森で仲良く過ごせればよいと思って」名づけたそうです。窓を広くとり、スギやヒノキの無垢材５０００本以上を用いたという木造校舎は明るく、温もりとやさしさが感じられ、子どもたちも元気に通っています。旧宮戸小学校ではじまった「宮戸復興プロジェクトＣ」は宮野森小学校にも引き継がれ、現在も浜辺の清掃活動やハマヒルガオの移植活動、国際交流活動等が継続されています。

ＮＰＯ法人地球対話ラボ

東京都大田区を拠点とする特定非営利活動法人。ＩＣＴを活用し、地球上で直接会うのが難しい場所にいる人びとをビデオ通話などで交流、国境や民族を超えて、人びとの「つながり」をつくる活動をしています。

《参考文献一覧》

書籍・論文

・稲垣忠　編著　黒上晴夫・中川一史・堀田龍也　監修『ネットの出会いが学びを変える　学校間交流学習をはじめよう』日本文教出版　２００４年
・奥村高明『マナビズム「知識」は変化し、「学力」は進化する』東洋館出版社　２０１８年
・宮坂元裕『「図画工作」という考え方』黎明書房　２０１６年
・池内慈朗『ハーバード・プロジェクト・ゼロの芸術認知理論とその実践』東信堂　２０１４年
・仲瀬律久・他（訳）Ｅ・Ｗ・アイスナー（著）『美術教育と子どもの知的発達』黎明書房　１９８６年
・仲瀬律久・森島慧（訳）ハワード・ガードナー（著）『芸術、精神そして頭脳―創造性はどこから生まれるか』黎明書房　１９９１年

・OECD教育研究革新センター　編著『アートの教育学』明石書店　2016年
・経済協力開発機構（OECD）『PISAから見る、できる国・頑張る国—トップを目指す教育』明石書店　2011年
・経済協力開発機構（OECD）『PISAから見る、できる国・頑張る国—2未来志向の教育を目指す：日本』明石書店　2012年
・美術教育学叢書規格編集委員会　編書『美術教育叢書1　美術教育学の現在から』学術研究出版　2018年
・佐藤学『教育の方法』左右社　2010年
・秋田喜代美『学びの心理学　授業をデザインする』左右社　2012年
・文部科学省『小学校学習指導要領解説　図画工作編』日本文教出版株式会社　2018年
・稲垣忠・鈴木克明　編著『授業設計マニュアル—教師のためのインストラクショナルデザイン—』北大路書房　2011年
・関西大学初等部『関大初等部式　思考力育成法ガイドブック』さくら社　2015年

・山口周『世界のエリートはなぜ「美意識」を鍛えるのか？　経営における「アート」と「サイエンス」』光文社　２０１７年
・石川一郎『２０２０年からの教師問題』ＫＫベストセラーズ　２０１７年
・川畑秀明『能は美をどう感じるか―アートの脳科学』精興社　２０１２年
・伊井義人　監修『フューチャースクール×地域の絆＠学びの場』六耀堂　２０１４年
・古明地正俊・長谷佳明『ＡＩ（人工知能）まるわかり』日本経済新聞社　２０１７年
・五十嵐愁紀『ＡＩ世代のデジタル教育　６歳までにきたえておきたい能力５５』河出書房新社　２０１７年
・山本秀樹『未来を先取る新たな大学の形　ミネルバ大学』リクルート　カレッジマネジメント２１１　２０１８年
・特定非営利活動法人　地球対話ラボ『被災地から未来への対話　インドネシア・アチェと宮城県東松島市の子ども国際交流２０１６報告書』２０１７年
・特定非営利活動法人　地球対話ラボ・アチェ・コミュニティアート・コンソーシ

アム『報告書Report2017　日本とインドネシア・アチェの被災地間協働によるコミュニティアート事業』2017年
・宮田美恵子『東日本大震災の子ども』日本地域社会研究所　2016年
・NHK東日本大震災プロジェクト『証言記録　東日本大震災Ⅲ』NHK出版　2015年
・山名淳・矢野智司　編著『災害と厄災の記憶を伝える　教育学は何ができるか』勁草書房　2017年
・国立教育政策研究所『震災からの教育復興─過去、現在から未来へ─』悠光堂　2012年
・荒井千暁『職場はなぜ壊れるのか─産業医が診た人間関係の病理』筑摩書房　2007年
・井上麻紀『教師の心が折れるとき　教員のメンタルヘルス　実態と予防・対処法』大月書店　2015年
・三木茂夫『胎児の世界　人類の生命記憶』中央公論新社　1983年
・布施英利『人体　5億年の記憶：解剖学者・三木茂夫の世界』海鳴く社

２０１７年
・岡ノ谷一夫『はじまりは、歌だった「つながり」の進化生物学』
・レトロ商品研究所　編著『国産はじめて物語　世界に挑戦した日本製品の誕生秘話』ナナ・コーポレート・コミュニケーション　２００３年
・特定非営利活動法人日本子どもＮＰＯセンター　編『子どもＮＰＯ白書２０１８　第２号』エイデル研究所　２０１８年
・稲垣忠『「一人一台端末時代」のメディアと教育』放送メディア研究12　２０１５年
・稲垣忠『学校間交流学習における共同性の研究』関西大学大学院総合情報研究科　２００２年
・樋口耕一『社会調査のための計量テキスト分析　内容分析の継承と発展を目指して』ナカニシヤ出版　２０１４年
・風巻浩『社会科アクティブ・ラーニングへの挑戦―社会参画をめざす参加型学習』明石書店　２０１６年
・経済協力開発機構（ＯＥＣＤ）『ＰＩＳＡから見る、できる国・頑張る国』明石

書店　２０１１年
・佐藤学『学び会う教室・育ち会う学校』総合教育技術　２０１４年８月
・遠隔教育の推進に向けたタスクフォース『遠隔教育の推進に向けた施策方針』文部科学省　２０１８年
・『小学校プログラミング教育の手引（第二版）』文部科学省　２０１８年
・宮﨑敏明『VR、AR、ドローン等を活用した造形教育の実践―テキストマイニングを活用した分析からその教育的意義を考える―』第52回　日本美術教育研究発表会　２０１８年
・宮﨑敏明『ESDの視点からみた造形教育の実践―東日本大震災で被災した宮野森小学校の場合―』第51号　日本美術教育研究論集　２０１８年

インターネット　＊団体名、資料の題名などで検索してご覧ください。

・宮城県教育委員会『第1回　宮城県教育振興審議会　宮城県の教育の現状等について』　２０１５年
・細谷一博・佰樓あやの・鈴木洸平・藤嶋さと子『学校間交流の実施における児童理解に焦点をあてた障害理解授業の開発』　２０１６年
・田名部沙織・細谷一博『学校間交流における障害理解学習の効果：交流活動と事前事後学習を通して』　２０１８年
・桜井　愛子『国際枠組から持続可能な防災教育支援を考える』　２０１６年　日本地理学会発表要旨集
・真田克彦『教育におけるＶＲ利用のシミュレーション』鹿児島大学教育学部研究

紀要、２００１年
・長山洋子『インテリアデザインにおける人工現実感の応用に関する研究第３報：インテリアデザイン教育への応用の検討』文化女子大学紀要　１９９８年
・長山洋子『インテリアデザインにおける人工現実感の応用に関する研究第５報：ＶＲ刺激に関する調査について』文化女子大学紀要、１９９９年
・瀬戸崎典夫・吉冨諒・岩崎勤・全炳徳『全天球パノラマＶＲコンテンツを有する平和教育教材の開発』日本教育工学会論文誌　２０１５年
・ＶＲ／ＡＲ検討委員会『平成28年度　我が国におけるデータ駆動型社会に係る基盤整備（新たな社会ニーズを発掘するためのコンテンツ制作基盤・環境整備調査研究　報告書』経済産業省　商務情報政策局　文化情報関連産業課　一般財団法人デジタルコンテンツ協会　２０１７年

地球対話ラボから

宮戸小学校との出会い

被災地で、地球対話ラボにできることは何だろう。

東日本大震災の直後から、多くのＮＧＯ、ＮＰＯが被災地の支援に動き、経験や専門性を活かして、緊急救援、心のケア、教育支援などの活動が行なわれる中、私たちは模索を続けていました。

地球対話ラボの活動は、衛星電話やインターネットなどＩＣＴを活用し、遠く離れた国や地域の、普段は出会うことが難しい人々の間をつなぎ、同時・双方向・対面のコミュニケーション＝「対話」を実現させることです。始まりは２００２年、英米軍による空爆後、復興へ向かうアフガニスタンのカブールと神奈川県の高校生同士の対話でした。

事務所がある東京都大田区は、宮城県東松島市に物資やボランティア派遣などの支援を行なっており、さまざまな区民団体も参加していました。そこで、大田区の団体と交流があった東松島市の市民団体を通じて、宮戸小学校と出会うことになったのです。２０１２年夏のことでした。

私たちにできることは、被災地の子どもや大人が、海外の人とビデオ通話で直接話す場をつくること。ですが、震災から1年しかたっていない被災地の学校では、日常の学習環境も不十分な中で「国際交流など後回し」という状況かもしれません。それでも、だからこそ、遠い外国の子どもたちと直に話す楽しさや、自分たちとは違う文化を知る驚きや喜びを、ぜひ体験してほしい、それは生きていく上で何かの力になるのではないか、と考えていました。

「小さな島の小学生が海外の小学生とビデオ通話をすることで、広い世界への関心を高め、自己表現や発言の力をつける機会にしたい」と、宮戸小学校の賛同を得て、国際交流活動がスタートし、２０１３年2月にブータンの小学校との対話が実現しました。

アチェは未来だ

宮戸小の体育館に掲げられた、全校児童の共同制作による壁画「10年後の宮戸島」。明るく力強い色彩や、ゆたかな海と人々の営みには希望があふれ、これが震災のあった年に描かれたことに私たちは衝撃を受けました。そして、このような取り組みが、まだ被災のさなかにあった学校で行なわれたことに感動しました。

壁画を見上げながら、宮戸の子どもたちの10年後を想像し、同時にふと10年前を思った時、２００４年に発生したスマトラ島沖地震と大津波から、間もなく10年がたつことに気がつきました。事務局長の渡辺は、スマトラ島のアチェを津波直後に取材した経験があったのです。「いま」のアチェに「津波の10年後」を生きる子どもたちと、被災した子どもたちの10年後の姿である若者がいる。アチェの子どもや若者たちと対話することは、「未来」と対話することだ、とひらめきました。

アチェと宮戸との対話交流では、日本側もアチェ側も、大学生が参加して事前学習や対話の進行などをサポートし、大学生同士も交流する事業を立案しました。事業の目的は、異文化交流や対話により、地域の文化や伝統を見つめ直し、外に向けて発信することで、被災による負の経験を前進の原動力へと転換することです。

「台本」をめぐって

地球対話ラボの「対話」(ビデオ通話による交流)では、相手側の担当者と調整しながら、当日の進行スケジュールをつくります。中心となるのは質問と回答で、事前にどんな質問をするか共有し、順番を決めておきます。これを、つい「台本」と呼んでしまうのですが、実際にはその場の「ノリ」で逸脱していくことを想定していますし、むしろ、安心して逸脱するために台本があるともいえます。

たとえば、相手側から思いがけない答えが飛び出し、会場から「うそ!」「すげえ!」などの反応があったら、「他の人はどうですか?」と重ねて聞いてみたり、「みんなはどう?」と逆に日本側に聞いてみたり。相手側の反応もみながら、双方の進行役が連携して、伸びたり縮んだりしながら進んでいくのが本番の醍醐味(?)です。

「対話」はライブ(生中継)なので、ハプニングも起こります。

宮戸小とアチェとの対話でこんなことがありました。アチェからの質問に答えようと、マイクの前に座った2年生の女の子が、緊張で泣き出してしまったのです。

スクリーンではアチェの女の子同士が顔を見合わせて何か言ったり、こちらを見て微笑んだりしています。アチェ会場の通訳が、「高学年のお姉さんが、あ、泣いちゃったね〜、こちらでも小さい子は同じだよ〜、と言ってますよ」と伝えてくれました。

対面しているからこそ、泣き顔も笑顔も伝わり、国や文化の違いに関係なく、小さな後輩を思いやる気持ちが届いたのです。こんな素敵な場面は、台本には書けません。

スクリーンやモニターに映し出される相手側の会場の様子にも注目です。「発表」する子だけでなく、その場にいる他の子どもたちや先生方も、同じ「場」を共有しています。

宮戸小とブータンのゲドウ小との対話では、けん玉が得意な宮戸の子が技を披露しました。その後も対話が進む中、こちらを見つめる子どもたちのうしろのほうに、けん玉で遊ぶ2人の男の子の姿が（けん玉は前もって送ってありました）。宮戸小で対話を見ていた先生方が「ほら、うしろのほうでけん玉やってますよ。ああいう子はどこにでもいるんですね」と言っているのが聞こえました。宮戸小の子どもだけでなく、遠く離れたブータンの子どもたちをも見守るような、あたたかいまなざしを感じました。

タテ・ヨコ・ナナメに、循環する協働

２０１４年から、アチェの大学生・若者が東北を訪問し、宮戸小や宮野森小の子どもたちと交流したり、被災地ツアーに参加したりするプログラムを実施しています。帰国後は日本で見たことや経験したことをアチェの小学生に伝えて、ビデオ通話による国際交流の準備を行ないます。彼らは２００４年のスマトラ沖地震のときに小学生ぐらいの年齢でした。

日本では東日本大震災のときに小学生だった子どもが今、大学生から中学生の年齢になっています。地球対話ラボの活動にも、数年前から東北の大学生がボランティアで参加しています。中には震災の経験を、次の世代や他の地域の大学生などに伝える活動をしている仲間もいます。

日本の大学生はアチェの大学生・若者の意欲的な活動姿勢に大いに刺激を受け、また、アチェの大学生・若者もこの活動が経験や励みとなって、地域でのＮＰＯ活

動に取り組んでいます。

スマトラ沖大地震から15年、東日本大震災から8年。どちらの地域でも、新しく生まれた世代に震災の経験をどう伝えるかが、課題となってきています。

・若者から子どもたちへ、というタテのつながり

・アチェと日本の若者同士、子ども同士という、ヨコのつながり

・アチェの若者から日本の子どもへ、日本の若者からアチェの子どもへ、というナナメのつながり

支援する／される一方通行の関係ではない、双方向の、循環する協働が始まっています。そして今、東北での子どもたちの対話交流は、福島県や岩手県にも広がり、小学校だけでなく、放課後活動の場で中学生が参加した対話も実施しました。

子どもたちが協働制作した壁画「10年後の宮戸島」は海を渡り、２０１６年12月からアチェ津波博物館に展示されています。隣にはアチェの子どもたちが描いた「10年後のアチェ」。２つの壁画はいつでも、アチェを訪れる世界の人々に、被災を超えて未来へ向かう子どもたちの夢や希望を伝えています。

アチェからのメッセージ

最後に、2014年からアチェ側のコーディネーター・通訳として対話交流に協力してくれている、日本語教師でKSA顧問のハナフィさんの言葉を紹介します。

「アチェの子どもたちは、この対話に参加してから変わりました。彼らは孤独を感じることはありません。津波という同じ経験をした友だちがいます。日本の友だちと対話をして、子どもたちの考え方が変わりました。彼らは互いに愛し合い、助け合い、友だちを困らせたくない、戦争をしたくない、互いに殺し合いたくない。彼らはそれぞれの国でこの世界で平和をつくりたい。友だちがいたら、この世界の中にある問題にもっと勇敢な気持ちで立ち向かえます。私の希望は、このプログラムをアチェでずっとやってほしいということです」（地球対話ラボ2016年度事業報告書より）

宮戸小・宮野森小の国際交流をはじめ、東北での活動は次にあげる団体の助成で実施することができました。チームミライズの李澤玄さんにはアチェでの活動に格段のご助力をいただきました。また、ここにとても書き切れないほど多くのみなさんにご協力いただきました。深く感謝いたします。

（公財）かめのり財団、
（公財）ＫＤＤＩ財団
国際交流基金アジアセンター
国立青少年教育振興機構子どもゆめ基金
（公財）トヨタ財団
（公財）日本教育公務員弘済会
（公財）ベネッセこども基金
（公財）前川報恩会
みやぎ生活協同組合
（一財）ＹＳ市庭コミュニティー財団（五十音順）

２０１９年２月

特定非営利活動法人 地球対話ラボ

地球対話ラボ　東北での国際交流事業の記録

2012年度　宮戸小学校とブータンのゲドゥ小学校との交流

1月30日　ブータンを知るワークショップ（協力：小森次郎氏）
2月13日　ブータンのゲドゥ小学校とビデオ通話

2013年度　宮戸小学校とアチェとの交流1年め

8月　アチェを知るワークショップ（武蔵大学　学生ボランティア）
9月17日　ペカンバダ小学校とのビデオ通話1回め
12月2日　ペカンバダ小学校とのビデオ通話2回め

2014年度　宮戸小学校とアチェとの交流2年め

8月　宮戸小の宮﨑敏明先生がアチェを訪問、図画工作のワークショップ

8月　アチェの若者3名が来日。宮戸小で交流ワークショップ
9月16日　アチェのペカンバダ小学校とビデオ通話1回め
12月18日　アチェの若者とのビデオ通話
12月21日　ペカンバダ小学校とのビデオ通話2回め

2015年度　宮戸小学校とアチェとの交流3年め

8月　宮戸小の宮﨑敏明先生がアチェを訪問。壁画「10年後のアチェ」共同制作を指導。
8月　アチェの学生2名が来日、宮戸小で交流ワークショップ
12月17日　アチェ州ランビラ村の小学生とビデオ通話
2月21日　宮戸小学校閉校式

2016年度　宮野森小学校とアチェとの交流（宮戸小から通算4年め）

8月　アチェから若者3名が来日。宮野森小6年生との交流ワークショップ
10月31日　宮野森小特別支援クラスとアチェのビデオ通話

12月16日　宮野森小6年生とコウゲッスクールのビデオ通話

12月21日　宮野森小4年生とアチェ州ランビラ村の子どもたちが絵画を交換して交流

12月24日　アチェ津波博物館で宮戸小学校とアチェの子どもの壁画を展示、公開

1月13日　宮野森小5年生とアチェの子どもたちが「お米」をテーマにビデオ通話

2017年度　宮野森小学校とアチェとの交流（宮戸小から通算5年め）

4月　宮野森小学校のほか、福島県いわき市立四倉小学校がアチェ交流に参加決定

8月　アチェから若者3名が来日。宮野森小四倉小との交流ワークショップ

12月5日　四倉小とアチェ・ネゲリ第31小学校の対話

ＱＲコードを読み込んでいただくと2016年の活動、宮戸小閉校後、新設・宮野森小学校での国際交流の様子をご覧いただけます。

12月14日　宮野森小と語学学校コウゲツ・スクールとの対話

2018年度　宮野森小学校とアチェとの交流（宮戸小から通算6年め）

4月　宮野森小、四倉小のほか宮城県登米市立北方小学校がアチェ交流に参加決定

9月18日　北方小とアチェ・ネゲリ第43小学校の対話

9～10月　アチェから若者3名が来日。北方小等との交流ワークショップ

11月27日　宮野森小とランビラ小学校の対話

1月17日　四倉小とアチェ・ネゲリ第31小学校の対話

おわりに

「はじめに」で述べたとおり、私は地方の小さな島の小さな小学校にいた、どこにでもいるごく普通の小学校教師です。

自然豊かな宮城の内陸部で育ち、子どもの頃からものをつくったり、描いたりすることが大好きでした。学生時代には素晴らしい先生方から美術教育や造形教育について、その基礎を教えていただきました。子どもたちの教育にたずさわる中で、いつしか「ものをつくりだすことは、未来をつくりだすこと」と実感するようになりました。

本書に記した内容は、そのように考える私が東日本大震災をとおして経験したことや実践したことを述べているに過ぎません。また、それらの経験の中では、失敗や間違いもたくさんもありました。しかし、「あの経験や実践は間違いではなかった。」「あの実践には、このような意義があったのだ。」と勇気を与えてくれる書物と出会い、その内容の一部を本書で取り上げました。

拙い文章をあからさまにすることは自分をさらけ出すことであり、恥ずかしいものです。しかし、被災地で深刻なPTSDの症状を抱える子ども、津波で親を亡くした子ども、そして、家族や家を津波に飲み込まれ、それでも地域の方とコミュニティを再生していこうと一歩一歩歩んでいる保護者や地域の方、先生方……。そのような被災地の人々と一緒に7年を過ごす中で、私のこれまでの経験を何かの形にしたいと考えるようになりました。


全国いたるところで毎年のように自然災害が発生しており、被害がないと感じている地域でも、実は災害と災害の間「災間」を過ごしているだけという考えがあります。私自身、被災地にいて、そのことを強く感じました。

そのような日々の中、ともに被災地の子どもたちや地域の方への復興教育を行なってきたNPO法人地球対話ラボの皆さま、そして、ビデオ通話による国際交流をはじめ、さまざまな復興支援への助成をサポートしてくださっているYS市庭コミュニティー財団をはじめ、助成団体の皆さまの熱意ある励ましにより、本書を発刊することになりました。

「啐啄同機《そったくどうぎ》」という禅宗の言葉があります。卵が孵化するとき、卵の中のヒナが殻を自分のくちばしで破ろうとし、親鳥も外からその殻を破ろうとするタイミングが一致するからこそ、ヒナは外の世界に出ることができるというたとえですが、まさにそのような絶妙なタイミングでお声がけをいただき、心が震えました。

執筆の途中で内陸部への転勤が決まり、教頭職に追われる日々でした。津波の被害はなくとも、新聞やテレビに取り上げられるような実に多岐にわたるさまざまな問題が、のどかな田園地帯の学校にもあふれている状況が今の日本にはあるのだと痛感しました。

津波で家や家族を亡くした子どもや親、地域の方だけではなく、一見、とても穏やかで幸せに満ちあふれたように見える地域でさえも悩み、苦しんでいる子どもや保護者、先生方がたくさんいることを目の当たりにしました。時には気持ちを受け止めきれなくなりそうだとよぎることも正直なところありました。

しかし、復興支援活動にともに取り組んでいるインドネシア・アチェに住む大学生やＮＰＯの皆さま、国内でともに復興支援活動や国際交流活動に取り組んでいるハマヒルガオ ambassador（アンバサダー）の大学生や高校生の純粋な心に触れる機会が、私の心にたくさんの勇気を与えてくれました。私自身が、一人では乗り越えられそうにない危機に遭遇したときに、皆様からたくさんの力を与えていただきました。心から感謝申し上げます。

図画工作とＩＣＴ機器というアイテムにより、子どもたちはもちろんのこと、実は私自身が自分の考えを多くの方に伝えたり、仲間と教え合ったりするといった活動となりました。その中で、活動に関わる多くの皆さまと思考は活性化し、真剣に課題に立ち向かうことができました。

被災地も、そうではない地域も教育課題は山積みです。しかし、これからも出会えた方々との絆をより深め、一歩一歩未来に向かって進んでいきたいと思います。

ＹＳ市庭コミュニティー財団の東島信明様、ＮＰＯ法人地球対話ラボの理事長・小川直美さん、森透さん、渡辺裕一さんほか皆さまのご尽力、そしてあたたかい励ましの言葉をかけていただき、活動の成果を本として発行することができました。

また、外村茂一さんには、本書で取り上げた「もの」や「こと」に関わる活動を花にたとえ、アチェと宮城がつながれている素敵な装画を描いていただきました。

最後に、株式会社日本地域社会研究所社長の落合英秋さんをはじめ、編集を担当してくださった大泉洋子さんには、何度も何度も励ましていただき、何とか完成にたどりつきました。「生きぬくことができる光はあるのだ」と私自身が心を揺さぶられた執筆となりました。ありがとうございました。

宮﨑敏明

2019年2月11日

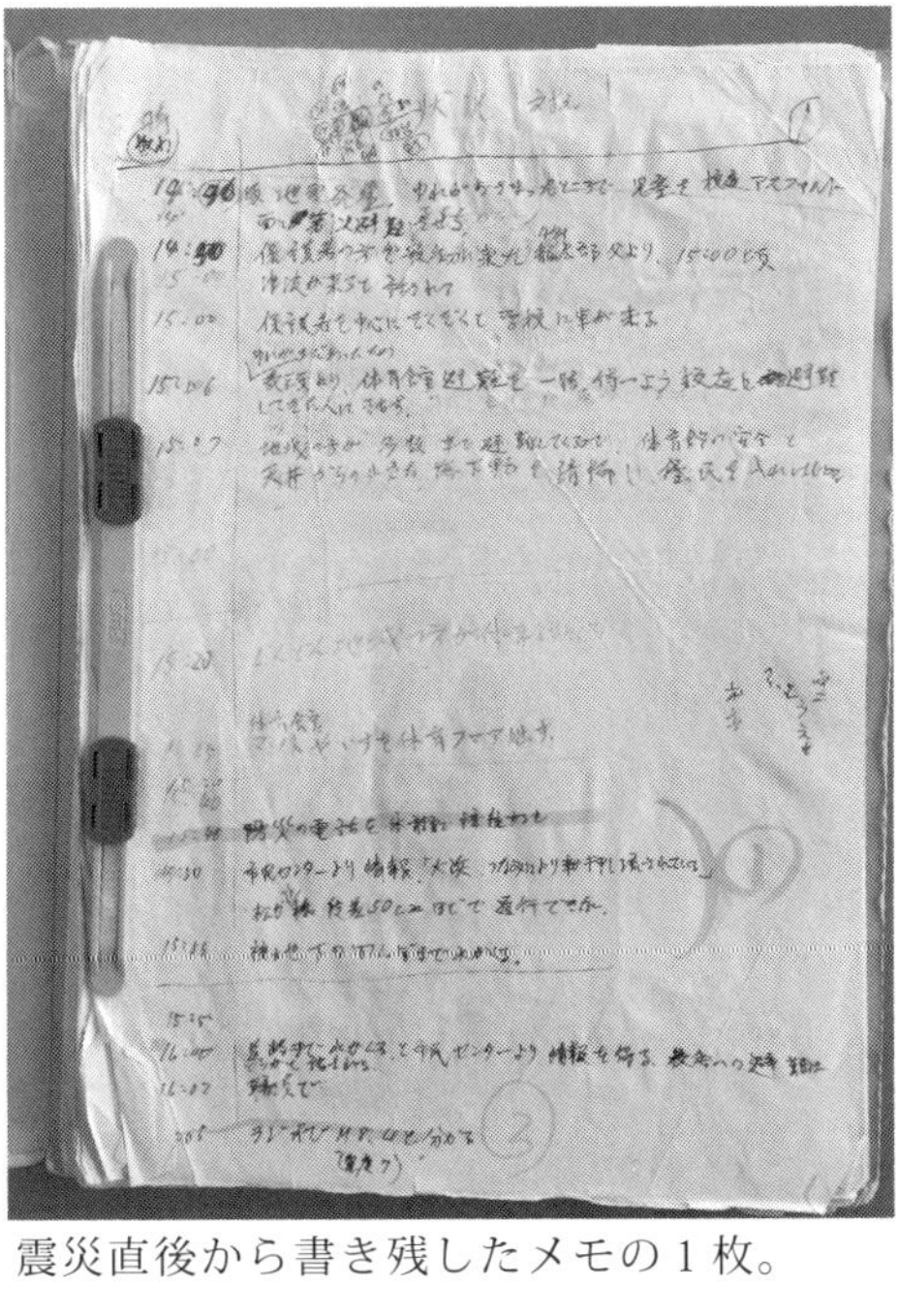

震災直後から書き残したメモの１枚。

本書の発行は、ＹＳ市庭コミュニティー財団の助成で行なわれました。
心より感謝申し上げます。

著者紹介
宮﨑敏明（みやざき・としあき）
1965 年生まれ、宮城県石巻市在住。上越教育大学大学院教育研究科（美術コース）にて美術教育の修士課程を修了した。以後、長年にわたり小学校での図画工作教育に携わる。2008 年 4 月、東松島市立宮戸小学校に赴任。2011 年 3 月 11 日、東日本大震災被災。島のほぼ全住民が避難した宮戸小学校で避難所運営に携わる一方、2011 年 5 月から、児童の心身の回復を目標に「宮戸復興プロジェクト C（チルドレン）」に取り組む。NPO 法人地球対話ラボと連携、国際交流に力を入れた。2015 年、文部科学大臣優秀教職員表彰。2018 年 4 月から宮城県登米市立北方小学校、教頭。

大震災《だいしんさい》を体験《たいけん》した子《こ》どもたちの記録《きろく》

宮城県東松島市とインドネシア・アチェとのビデオ通話による国際交流と図画工作ワークショップ

2019 年 3 月 28 日　第 1 刷発行

著　者　宮﨑敏明《みやざきとしあき》
発行者　落合英秋
発行所　株式会社 日本地域社会研究所
〒 167-0043 東京都杉並区上荻 1-25-1
TEL　(03)5397-1231 (代表)
FAX　(03)5397-1237
メールアドレス　tps@n-chiken.com
ホームページ　http://www.n-chiken.com
郵便振替口座　00150-1-41143
印刷所　中央精版印刷株式会社

ISBN978-4-89022-229-2

日本地域社会研究所の好評図書

三浦清一郎著…活字離れと、固い話が嫌われるご時世。高齢者教育・男女共同参画教育・青少年教育の3分野で、生涯学習・社会システム研究者が、ちょっと笑えるユニークな教育論を展開！

教育小咄 〜笑って、許して〜

46判179頁／1600円

坂井知志・小沼涼編著…2020年東京オリンピックの日に大地震が起きたらどうするか震災の記憶を風化させないために今の防災教育は十分とはいえない。非常時に助け合う関係をつくるための学生と紡いだ物語。

防災学習読本 大震災に備える！

46判103頁／926円

みんなで本を出そう会編…老若男女がコミュニティと共に生きるためには？ 共創・協働の人づくり・まちづくりと生きがいづくりを提言。みんなで本を出そう会の第2弾！

地域活動の時代を拓く コミュニティづくりのコーディネーター×サポーターの実践事例

46判354頁／2500円

落合英秋・鈴木克也・本多忠夫著／ザ・コミュニティ編…人と人をつなぎ地域を活性化するために、「地域創生」と新しいコミュニティづくりの必要性を説く。みんなが地域で生きる時代の必携書！

コミュニティ手帳 都市生活者のための緩やかな共同体づくり

46判124頁／1200円

三浦清一郎著…人生の軌跡や折々の感慨を詩歌に託して書き記す。不出来でも思いの丈が通じれば上出来。人は死んでも「紙の墓標」は残る。大いに書くべし！

詩歌自分史のすすめ ―不帰春秋片想い―

46判149頁／1480円

中本繁実著…お金も使わず、タダの「頭」と「脳」を使うだけ。得意な経験と知識を生かし、趣味を実益につなげる。ワクワク未来を創る発明家を育てたいと、発明学会会長が説く「サクセス発明道」。

成功する発明・知財ビジネス 未来を先取りする知的財産戦略

46判248頁／1800円

日本地域社会研究所の好評図書

スマート経営のすすめ　ベンチャー精神とイノベーションで生き抜く！

野澤宗二郎著…変化とスピードの時代に、これまでのビジネススタイルでは適応できない。成功と失敗のパターンに学び、厳しい市場経済の荒波の中で生き抜くための戦略的経営術を説く！

46判207頁／1630円

みんなのミュージアム　人が集まる博物館・図書館をつくろう

塚原正彦著…未来を拓く知は、時空を超えた夢が集まった博物館と図書館から誕生している。ダーウィン、マルクスという知の巨人を育んだミュージアムの視点から未来のためのプロジェクトを構想した著者渾身の1冊。

46判249頁／1852円

文字絵本　ひらがないろは　普及版

東京学芸大学文字絵本研究会編…文字と色が学べる楽しい絵本！　幼児・小学生向き。親や教師、芸術を学ぶ人、帰国子女、日本文化に興味がある外国人などのための本。

A4変型判上製54頁／1800円

ニッポン創生！　まち・ひと・しごと創りの総合戦略　～一億総活躍社会を切り拓く～

新井信裕著…経済の担い手である地域人財と中小企業の健全な育成を図り、逆境に耐え、復元力・耐久力のあるレジリエンスコミュニティをつくるために、政界・官公界・労働界・産業界への提言書。

46判384頁／2700円

戦う終活　～短歌で啖呵～

三浦清一郎著…老いは戦いである。戦いは残念ながら「負けいくさ」になるだろうが、終活短歌が意味不明の八つ当りにならないように、晩年の主張や小さな感想を付加した著者会心の1冊！

46判122頁／1360円

レジリエンス経営のすすめ　～現代を生き抜く、強くしなやかな企業のあり方～

松田元著…キーワードは「ぶれない軸」と「柔軟性」。管理する経営から脱却し、自主性と柔軟な対応力をもつ〝レジリエンス＝強くしなやかな〟企業であるために必要なことは何か。真の「レジリエンス経営」をわかりやすく解説した話題の書！

A5判213頁／2100円